MAUREEN MURDOCK

THE HEROINE'S JOURNEY

Woman's Quest for Wholeness

モーリーン・マードック＝著
シカ・マッケンジー＝訳

ヒロインの旅

女性性から読み解く〈本当の自分〉と創造的な生き方

フィルムアート社

母と娘に捧ぐ

ヒロインの旅
目次

第九章

ハートがある男を探して

神聖なる平凡さ
自然やコミュニティーの中の癒し
祖母の導き
神話を創作する女
女神像の起源
暗い夢の女
女の言葉
闇への回帰：マッドウーマンの訴え
女性の力を取り戻す

男性性の修復
男性性が作る壁
マチズマの解放
聖婚
叡智がある女、ハートがある男
女性性の力を癒す：ヒルデガルト
聖なる結合の夢

【凡例】
・本書はMaureen Murdock"The Heroine's Journey:Woman's Quest for Wholeness"の全訳である。
・訳者注は文中に角ブランケット（［ ］）で包んだ。原注は本文中に[1][2][3]で記し、巻末に一覧でまとめた。
・巻末に新たに訳者あとがきを追加した。

謝辞

『ヒロインの旅（原題：The Heroine's Journey）』は私と共に旅をしてくれた多くの女性のおかげで書き上げた本である。特に、過去十二年間にわたる女性グループの参加者とは旅のステージを全てたどらせて頂いた。私たちは互いに旅で出会う仲間や怪物、ヒーラーになり、最後にみんな老婆になって笑い声を上げた。

「ヒーロー／ヒロインの旅」ワークショップやクラスでは男女間でわずかな違いを発見させて頂き、女性性の癒しの旅を見せて下さった男女の方々がいた。また、心理療法などで体験をシェアして下さった方々や私の家族、友人をはじめ、本書に夢や事例を掲載することにご快諾下さった方々に感謝する。

私のガイドになってくれたギルダ・フランツは男性的な成長モデルに依存する私の目を開かせ、母／娘の分離の痛みを癒す助けをしてくれた。旅に付き添って頂けたことを心から感謝する。

本書の執筆のためにインタビューにご協力下さったジョゼフ・キャンベル氏と、女性の力と美を表現する女性アーティストや詩人の皆様。また、私が初めてヒロインの旅の図を披露させて頂いた「インポッシブル・ウィメン」の会の皆様。

原稿準備に協力してくれた方々。資料調査、脚注、編集を手伝い、元気づけてくれた娘へザー。許諾関係を仕切ってくれたジェフリー・へリング。私の旅を励まし、闇の中にいる間も見守ってくれた「ハートがある男」、夫ルシアン・ウルシン。お力添え下さったロサンゼルスのユング図書館職員の方々と、古代の女神の芸術品のスライドを提供下さったマーサ・ウォルフォード、イラストレーターのサンドラ・スタッフォード。シャンバラ・パブリケーションズ編集部エミリー・ヒルバーン・セルとは本書の仕上げを楽しくご一緒させて頂いた。彼女のユーモアと素朴な知恵、本書への熱意に感謝する。ヒロインの旅をする間、グレート・マザーの導きを常に感じた。その像は私のコンピューターに様々な姿で入っている。マザー・ベア、観音、マリ・アフロディテ、ヌート、マフエア、ありがとう。最後に、私とつながってくれているケルトの女性たちへ。彼女たちの強さと歌、ストーリーテリングと不可視の世界に捧げる情熱に感謝する。

イントロダクション

女らしさはどこへ行った？　近頃、男も女もそう感じている。ペルセポネのように地獄に消えたのか。穴倉や開いた傷口があれば自らの血で癒さねばならぬ。錬金術でも「液体薬の原料となるは自らの血液のみ」という。女の心の穴は男には埋められない。母との一体感を思い出し、女が自ら埋めるべきである。

——ノア・ホール『The Moon and the Virgin（月と乙女）』

私は心理療法家として三十代から五十代の女性の悩みを聞いてきた。彼女たちは人生の意味を見失い、むなしさや孤独、怒りを訴える。みな典型的な「英雄の旅」を歩み、学問や仕事で成果を上げた。なのに途方に暮れるのだ。「いったい、何のため？」と。

頑張って上に行くほど多忙になり、過労で体調を崩す。何が間違っていたのだろう。

こんなふうになりたいわけじゃなかったのに――そんな彼女たちの話を聞くと、本来のあり方を否定しているように思える。

女の生き方と「英雄の旅」の関係についてジョゼフ・キャンベル氏に話を伺った。一九八一年のことだ［同氏は世界中の神話に共通して見られる人間の成長過程を「英雄の旅」としてまとめた］。それはヒロインにも当てはまるが、失われた女性性の癒しが必要だ。するとキャンベル氏は、そもそも女に旅は不要だと言った。「神話の女性はただ『存在』するだけです。女性は人々が目指す行き先、たどり着く場所だ。自分でその価値に気づけば迷わずに済みます」。[1]

私は唖然とした。私が知る限り、女たちはただ存在などしたくない。人々の行き先って？　ギリシャ神話のペネロペは機織りしながら夫を待った。だが、現代女性には新しい生き方の指針が必要だ。芸術家アン・トゥルイットはこう書いている。

女らしさは穴倉みたいで快適だ。言葉にできない深みを感じたくなったら、いつでもあそこに退却しよう。たぶん男にも男の穴倉があるのだろう。男女の違いは小さいようで大きいと言われるけれど。ただ、私が女らしさを「家」のように感じていても、ずっと家にいるのは御免だ。たまに外出しないと悪臭がこもる。私には元気も好奇心もある。じっとしていたら自分の全てが衰え、不快になるだろう。ちゃんと生きたいなら、心のままに進むべきだ。[2]

女も旅をする。自分の価値を知り、心の傷を癒して女らしさを享受する旅だ。それは大切な内面の旅であり、バランスがとれた人格形成を目指して歩む。この旅はヒロインにとって難しい。目印も案内人も地図もない。順番通りに一直線に進むルートもない。人に認められることもほとんどない。むしろ無視され、邪魔される。

この本で述べる「ヒロインの旅」はジョゼフ・キャンベル氏の「英雄の旅」から導き出したものである。[3] だが、使う用語も形も大変女性的だ。私は自分の背中の痛みから、それを思いついた。

一九八三年春、ロサンゼルスで「家族造形法」実習中のことだった。これは心理療法の一種で、家族の食卓での会話などを演技で再現する。私は自分を演じ、クラスメイトが父母や妹役だった。みんなが静止した瞬間、私の背中に激痛が走った。ぴんと伸ばしていた背筋が崩れた。

その後三日間痛くて動けず、リビングの床に腹這いになって泣いた。頑固に閉じていた心がゆるみ、ただ混乱した。この時の涙が「ヒロインの旅」のイメージをくれた。それは時計回りで、ぐるぐる渦を巻いている。渦の始まりは「女は受け身でずるくて怒っているから嫌だ」という気持ち。ヒロインはそこから「英雄の旅」にダイブする。仲間を作り、男と同じように社会で身を立てようとする。だが、その先に心がすさむ時期があり、「ダーク・フェミニン（女性の闇の側面）」と直面する。

闇に落ちたヒロインは癒しを求める。この本で「母／娘の分離」と私が繰り返し述べる「女性の深い傷」があるからだ。闇から光への帰り道で自分の本質を見直し、過去の生き方に統合する。

「ヒロインの旅」を図にしてみた（17頁）。これを検証するのが私の課題になった。心理療法の来談者や友人の話を聞いては彼女たちの願望の裏に潜むものを探した。

そこでわかったのは、社会で頑張ってきた女たちがむなしいだけでなく、深いダメージを負っていることだ。特に、私の世代は旧ソ連に宇宙開発で後れをとったアメリカが「追いつけ追い越せ」と躍起になった時代を体験している。

私も男性的な競争原理に自分を合わせ、父親に認められようとし、母親を拒絶した。

もちろん全ての女性がそうではないが、この心理は男女共に起こり得る。社会や経済の発展に尽くしながら、人の精神や環境破壊を恐れる人にも当てはまるのだ。

「ヒロインの旅」は円を描いて進み、複数のステージを同時に体験することもある。私は今、母／娘の分離の癒しと再統合をしている。「ヒロインの旅」は成長と学びの連続だ。

「本当の私って何？」と感じたら旅が始まる。年齢に関わらず「これまでの自分」に違和感を感じた時だ。若い人なら進学や就職などで家を出る時。年を重ねて離婚や転職・再就職、再び勉強を始めたり、成人した子が巣立つ時、ふと自分のあり方に疑問を抱くかもしれない。

この時、ヒロインは女らしさ――集中力が分散しがちで感情的な性質――をマイナス面と捉えている。社会の見方を取り入れ、自分でもそれが欠点だと思う女性は多い。

上昇志向が強い女性はその欠点を振り払おうとする。男または男性的な女をロールモデルにして自立し、父親や親戚の男たちと議論する。頭脳や責任感をアピールして理想の未来を心に描く。ヒロインには重圧がかかるが、社会は行動的な彼女によい評価を与える。「社会に認められる仕事」だけが大事で、あとは放置だ。

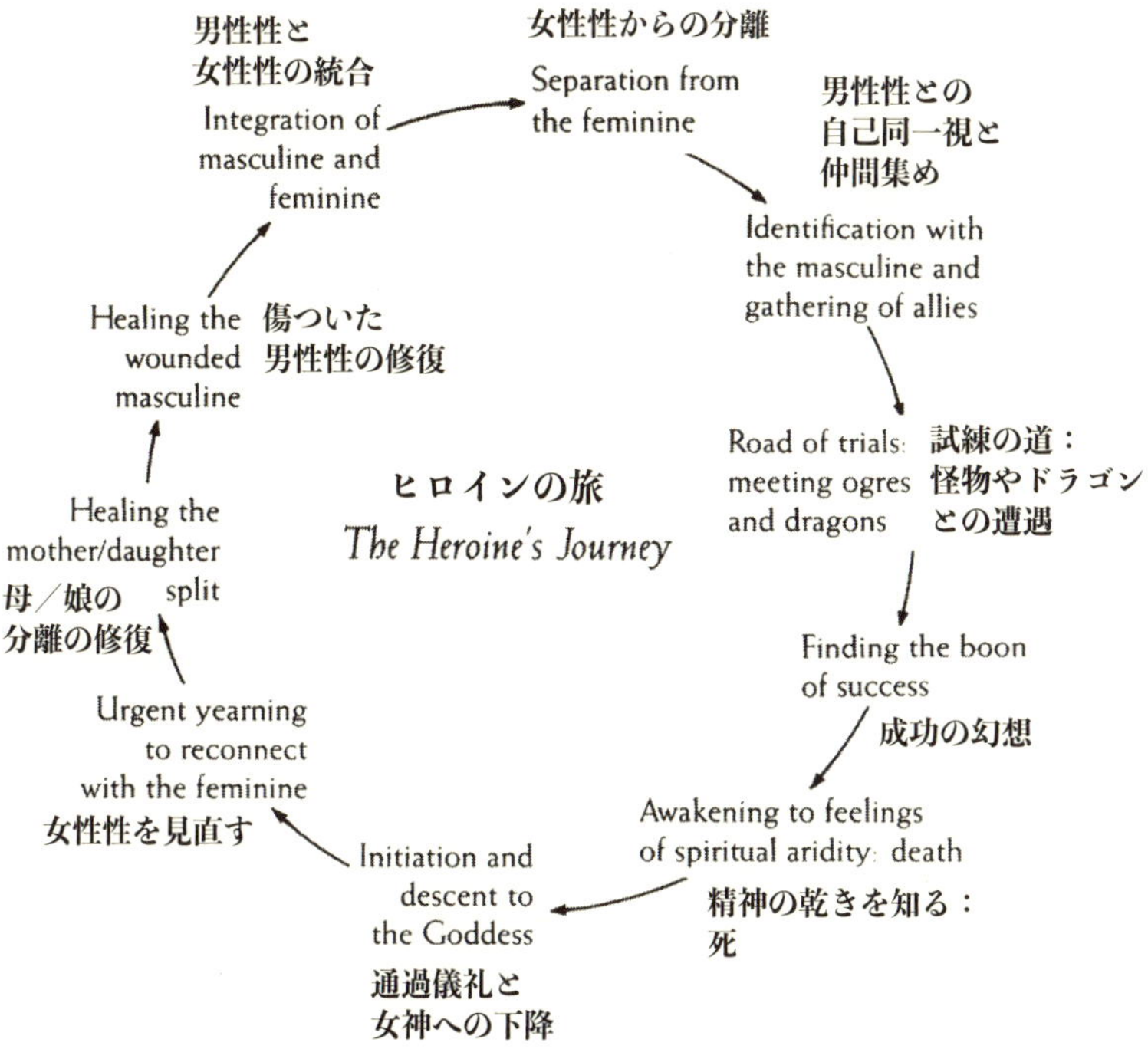

The heroine's journey begins with "Separation from the feminine" and ends with "Integration of masculine and feminine."

ヒロインの旅は「女性性からの分離」で始まり「男性性と女性性の統合」で終わる。

ヒロインは鎧兜に身を包み、剣を片手に駿馬を選ぶ。狙う宝は学位や役職、お金や権威だ。男たちはにこやかに握手を求め、彼女を仲間に引き入れる。

そして仕事をし、もしかしたら出産や育児も経験し、しばらくすると疑問が生まれる。「さあ、目標を達成したわ。次は何？」。彼女に休むとか断るとかいう選択肢はない。相手をがっかりさせたくないし、成功と達成感がないと気が済まない。「女はだめだ」という意識を振り払っても傷は癒えない。いくら論理的思考や行動力ばかり発揮しても、女性的な本質は放棄されてアンバランスなままだ。自分の身体や家族との関係に無頓着になったり、同性の友達ができなかったり、少女時代の心を失って戸惑う人もいる。

「女性の意識は育てることに向かいます。身体や心、文明や共同体の育成。育てるものが無くなれば機能を喪失したような気がするでしょう」とジョゼフ・キャンベル氏は言う。[4]「英雄の旅」をする女は戦い続けて心に穴があき、自分の育て方を忘れるようだ。

キャンベル氏は男が中年期に陥る「中年の危機」を指摘しているが、それは女にも当てはまる。「誤った壁に立てかけてある梯子に上ってから気づく。最初の選択からして間違いだった」。[5]

心の中の父親像に認められようと必死になり、自分の望みがわからなくなって茫然とする人もいる。「自分の心を覗き込んでも、そこに誰がいるのかわからない。修復したいですけどね。信頼できるのは自分の身体だけ」と、ある四十代の映画監督は言っている。

悩む女たちに未開拓の面があると、自由への旅が止まる。誰かが決めたことに従ったから梯子を間違えたのだ。でも、やり直し方は誰も教えてくれない。再出発には期待と不安、恐怖が入り混じる。「それが力の源。負けずに進めば恐怖は味方になり、道しるべになります。真の可能性は見慣れたポジティヴなものにはない。むしろ嫌悪や怖さ、抵抗を感じるものの中にあります」。[6] 不安なら、すでに変化が始まった証拠だ。

そして、心の闇に下りていく。迷いや悲しみ、怒りと戦いながら理想を捨て、自分に欠けているものを探し、暗い「ダーク・フェミニン」と向き合う。自分の心に正直になれるまでには何週間も、何カ月も、あるいは何年もかかる。それまで一人で過ごしたくなるだろう。周囲は勘違いして「くよくよしないで」と励ますが、鬱や落ち込みとは違う。

この時期には別離や死の夢を見る。ネガティヴな面を表す姉妹や侵入者、砂漠や川、古代の女神や神聖な動物の象徴も夢に表れる。自然を求め、四季や月のリズムを意識し始める。月経は心身を浄化する時期だと感じるようになる。文化という大きな枠で捉えることも必要だから、結構な時間がかかる。女神の力の取り戻しに思いを馳せる人もいるだろう。当時の私の日記はこうだ。

「これは未知の領域だ。暗くて湿っぽく、血まみれで孤独。誰もそばにいないし、慰めも助けもない。傷は剥き出しだ。ばらばらになった自分のつなぎ合わせ方がわからない。こんな難業は初めてだ。何かに勝とうとするのではなく、自分を見つめることなんて。母なるものを探して裸で歩く。まだ生まれ出ていない私を探す。この闇のどこかにいるはずだ。信じることをやめてしまったものたちだから、向こうから姿を見せてはくれない。私が自分で捨てた宝物だから、私が掘り出す以外にない。この旅にやさしい妖精などいない。急いで光の中に引きずり出してはだめだ。母なるものとの出会いを急いではならない。私は辛抱強く、勇気を出して闇を探り続ける」。

ヒロインには女らしさを嫌って母を捨てた時の傷がある。時間をかけてそれを癒すのだ。母親と和解できなかったとしても、自分を大切にし、豊かで繊細な心を取り戻せばよい。

癒しのプロセスが始まると自分の身体や心のケアに関心が生まれ、同性の仲間ができ始める。陶芸や料理、マッサージなどを始めたり、リラックスできる場を作ったりする。結婚や出産を考え始める人もいる。男性的な視点で見れば一線からの脱落、離脱に見えるだろう。

ある女性歯科医は三十代で乳がんを発症し、片方の乳房を切除してから仕事をやめた。その後、文章の執筆やガーデニング、育児に専念している。「収入面では不安だし、今さら保険にも頼れない。でも歯科医を続ける限り、本当にしたいことができない。そう思うと耐えられませんでした」。

私自身も本書の執筆中、自分の心を見つめるうちに他人の評価を気にしなくなった。「直線的な思考を捨てろ」と心が訴えたのだ。夢や心に浮かぶイメージを気に留め、それに従うようになった。英雄的な頑張り方をやめれば「自分の」思いや「自分の」声に正直になれる。

ヒロインの内面の変化は他人には見えない。だから褒められることが減る。むしろ、周囲は困惑する。だから「ヒロインの旅」には勇気と信頼が必要だ。勉強会や語りの場ができたり、季節の行事を楽しんだりして癒しの輪が広がる。

男性的な生き方に偏って心が苦しくなるなら、女性の心理に目を向けねばならない。現代女性の多くが、別の生き方を知らないのだ。女らしい生き方とは自分の意思を持たずに従順になることだと思い込んでいる。個人だけでなく社会にも新しい神話やヒロイン像が必要だ。利害のために支配するリーダーよりも、共存を目指す女神や古代社会に注目する人も増えている。

「無意識の世界が持つ奇妙な美しさ。それを恐れずに受け入れ、社会を息苦しさから解放すべきだ。フェミニストである私の役割は男の世界で競うことではない。それはあまりに単純だし、何も生み出さない。私の役割は女として生を謳歌し、自分らしく、自分の居場所で精一杯生きること」と作家マデレイン・レングルは述べている。[7]

今、女の立ち位置はどこなのか。女性的な知識や望みを軽視する風潮がありはしないだろうか。「これもまた真実だ」と言えるだろうか。矛盾を抱え、答えがわからないまま生きていく強さはあるだろうか。心の声に耳を傾けているだろうか。地球もまた、それを求めている。

ヒロインには強靭な精神が必要だ。じっくり内面を整え、精妙なバランスをとらねばならないのだから。女らしさを捨てて社会に出ても、その先には答えも終着点もない。そこまでの努力は無駄ではないが、旅は完成していない。ヒロインは疑問を感じ、さらに大きな旅をする。人に尽くし、自分のことも大事にできれば、男女両性の特質がヒロインの中で融合するだろう。両極の融合と共存こそ、生きるもの全てのバランスに必要なものだ。

ロトの妻

だが旅も遠くまで来ると、これは自分に出会うための旅だと気づく時が来る。
そしてあなたは言うのだ――そのとおりだ、と。

――マリオン・ウッドマン

その道のどこかで
別の声と

別の言葉で
彼女はもう一度
洗足式をするのを待っている
私は塩柱になって立ち尽くすロトの妻
谷や山、平原を越え
遠くに燃える町を振り返る
ここに立って振り向けば
何千年もの重みが
待つ女たちに向かうのがわかる
数えきれないほどの出来事や
名もない人生たちが
岩だらけの丘を転げ落ちていく
果てしなく続く
彼女と韻を踏む言葉
彼女の記憶、

彼女の強い言葉、かすかな言葉、嘆き、
私の言葉、私の嘆き、聞かれなかった私たちの声の全て
沈黙を強いられた女たちの声が
沈黙を破り始め
深く、広く届くのを私は聞いている
しっかり振り向き、一歩前に出て
もう一歩、また一歩
私は道を進む
私である彼女へと
まだ道は遠い。

——レット・ケリー[8]

Separation From The Feminine

第一章

女らしさを離れて

娘には母親が被害者に見える。自由がない女、殉教者のイメージだ。それはひどく曖昧で、どこまでが母親で、どこからが自分かわからない。だから娘は断腸の思いでメスを振るうのだ。母と自分を切り離すために。

——アドリエンヌ・リッチ『女から生まれる』

歴史学でも心理学でも、育児の役割は母親のものとされてきた。その見方は産業革命以降に強くなり、子供が悪いと母親が責められる。[1] 家庭環境や社会の影響は度外視で、責任だけが母親にのしかかる。育児に報酬はなく、アカデミー賞のように栄誉を称えられる場もない。感謝の気持ちはなかなか芽生えない割に、悪い子に対して「親の顔が見たい」とすぐ責める。ロサンゼルスの裁判所は、あるギャングの母親を「育児が不適切」と有罪にした。父親の責任や教育、住環境や治安問題には言及されなかった。

社会の視点は男性的だ。高く評価されるのは甲斐性がある男。女も評価されなくはないが、男に比べて報酬は低い。その観点で、女は男に及ばない。女は女だ。男ではないのに「男と対等」を目指せば本質に傷がつく。自分の真価は見えず、低い評価しかできない。[2] その原点は母親にある。

英雄は古い秩序を壊して新しい社会を作るとジョゼフ・キャンベル氏は言った。だからヒーロー／ヒロインは怪物を倒すのだ。怪物とは古い体制を保守する勢力だ。[3] その怪物とは社会の価値観でもあるだろう。政治経済、宗教や教育の場も強者の支配下だ。思考や言論も怪物が支配する。それを家庭に落とし込めば母親に行きつく。ヒロインの最初の仕事は母離れすることだ。

母離れに一生かかる人もいる。劇的に別れる人もいる。「母」の重圧に耐えかねて、女らしさをいっさい拒絶する人もいる。母親だけでなく、社会の影響が大きいからだ。「女は頼ってばかりで、ずるいし、弱い」という見方である。[4]

娘は社会で軽視される母親の姿を見て育ち、やがて、からくりに気づく。「社会に出ても、うまくいかないかも」と戸惑った娘は、劣等感を母親のせいにする。

私の前の世代の女たちは、塩柱に姿を変えられ動けなくなった旧約聖書の「ロトの妻」のようだ。一九四〇年代、五〇年代のアメリカは広告業界が裕福な暮らしを華やかに謳った時代だ。それに陶酔した女たちは自分の夢が持てなかった。女らしさとはウエストが細いことだと言われてガードルで腹をしめつけ、いつもほほえんでいられるように精神安定剤を飲んだ。私たち娘の世代はそうした母親の軋轢で歪んだ。

女らしさの否定

メアリー・リンもそうした娘たちの一人だ。彼女は女子大で数学を専攻した。技術力を高めようという国の気運とは裏腹に、「理系は女子が少ないから」と進路を決めた。「みんなと違う人になりたかったんです。友達はみんな文学部だったけど私は文章は苦手だし。両親は教育か看護学部を勧めました。将来、夫に万一のことがあった時の『保険』だって。そんなこと言われても結婚なんて考えていなかったし、手に職をつければ安心っていう考えも嫌でした。重要な仕事がしたかった、コンピューターサイエンスのような。理想ばかり追ってた。父は息子をほしがっていたので、よし、私が息子のようになってやろうと思っていました」。

だが、メアリー・リンの成績は悪かった。教師は文系を勧めたが彼女は耳を貸さなかった。大学二年の時に学科長に呼び出され、「あなたの成績はBの下。この先、数学専攻は難しい」と言われた。「面談はあっけなく終わりました。『もうおしまいだ。

私は女の子みたいになってしまう』と思いながら、茫然と部屋を出ました。数学をすれば女にならずに済むと思ってた」。

原因は母親にあった。専業主婦の母親はいつも不機嫌で偉そうに見えた。「母とは全くうまくいきませんでした。学歴がないから私に嫉妬しているんだと思っていました。母みたいにはなりたくなかった。だって幸せそうじゃないから。父のように仕事に生きたいって。でも父の成功の陰で母は自分を犠牲にしていたんです。当時はそれが当たり前。たぶん母は自分が嫌で、それが表情に出ていたんだと思います」。

メアリー・リンが女らしさを嫌ったのは、物事を男性的な尺度で見ていたからだった。「女性を馬鹿にすると、当然、自分も嫌いになります。リアルな自分を見つめず、中学、高校の頃から『難解で、形で表せるものでなきゃ価値がない』と思い始めました。自分が本当は何に向いているか、何が好きかは考えもしませんでした」。

四二歳の誕生日間近、彼女は夢を見た。「私はスコットランドにいて、バスの後部座席で居眠りしています。気づいた頃には終点から折り返して『ダイハード通り』を戻っています。夜の九時一五分前だけど、外はまだ明るい。北の空は輝いています」。

彼女は記憶をたどり、話し続けた。「このバス路線は私の人生みたい。ずっと私はダイハード、つまり、頑固に女らしさを拒絶してきました。数学専攻で失敗した後、資金調達の勉強をして、社会での戦い方はわかっても余暇のリラックスの仕方がわからない。『働きすぎよ』と言われても『仕方ないわ、そういう世の中だもん』としか言えなくて。その皺寄せは必ずきます。もうあのバスには乗りたくない。無理して生きてきたせいで、母や姉妹や自分を疎かにしていたわけですから。本当に大切なものに戻らなきゃ」。

旅の始まり：母離れ

ヒロインの旅は母離れから始まる。母親という人間だけでなく、母を象徴するもの（アーキタイプ）からも離れなくてはならない。それは、いわば無意識のようなものだ。母なる大きな無意識の中では、相反するものが全て一つに統合されている。[5]

母と娘は強い一体感で結ばれている。だから、切ろうとすると激しい不安や孤独に襲われる。男の子より、女の子の方が大変だ。なぜなら、「男児は母と自分を区別して男性性を養うが、女児は母と自分を同一視して育つからだ」。[6]

自由になりたいが、愛を失うのが怖い。それが娘の葛藤だ。吹っ切るために実家を出る娘も多い。「女は弱い」という思い込みの反動で、女性は男性以上に他人の承認を求める。だから、娘は息子以上に親の顔色を気にする。「反抗しがちな男児の親離れは自然に見えるが、女児の自立は親にとって予想外。親を拒絶したと誤解されがちである」。[7] 娘の母離れは「自由へのはばたきというより、断絶に見える」。[8]

ゴルゴン

母離れするために、娘は母を悪者にする。執念深くて怖い女のイメージを投影し、「近くにいたら生きていけない」と認識する。もちろん、それは娘が勝手に作った母親像だ。ユングはこれを「内なる母」、シャドー（影）と呼んだ。自分が認めたくないものを他人に投影する心理である。[9]

すると母親が鬼婆に見え始める。娘を監禁して食おうとする、退治すべき存在だ。『ヘンゼルとグレーテル』の継母は魔女になって焼き殺される。母と娘の関係は複雑だ。昔話に出てくる母は三種類。不在か死亡、あるいは邪悪な存在だ。[10]

恐ろしい母と「ネガティヴ・フェミニン」

母のアーキタイプは二つある。一つは無限の愛を注ぐグレート・マザー（太母）。もう一つは停止や抑圧、死を表すテリブル・マザー（恐ろしい母）。どちらも人が幼少期までに感じ取る。[11] 子供の自我が発達するまで、母親のやさしさは肯定的な力、無視や過干渉は否定的な力と認識される。

大人は母や女の力をテリブル・マザーと感じがちだ。[12] 母親の時代背景や家庭環境を考えずに欠点だけを見るから、否定的な母親像が心に残る。

自己主張が強い女は目障りな女、自己主張ができずに嘆く女は愚痴っぽい女。娘は母親の姿を記憶に焼きつける。母親は女の生き方の雛形だ。その母親が無力だと、娘は「女は損だ」と感じ、母親と同じ轍を踏むまいと躍起になる。「『なすがまま』と自然体でいる母に憤る娘は多い」。[13] この憤りに自分で気づくまで、娘はその反動で行動し続ける。

娘は自分を妬む母親から逃げる。口うるさい母親から遠ざかり、家事や育児に身を捧げた母のイメージを振り払う。母親の方も、自由な娘が不愉快かもしれない。激怒して皿を投げる女は憤怒の女神カーリーとそっくりだ。

カーリーはヒンズー教の女神で創造／保護／破壊の三つの顔を持つ「黒い母」だ。誕生と死の母、子宮と墓場の両方を表し、子を産み、殺しもする。幾多の姿で描かれる女性の象徴だ。[14] こうした母権的な女神が父権的な宗教に飲み込まれたのは六千五百年前に遡る。[15] カーリーの破壊力も女の力と一緒に抑圧され、健康的なはけ口がなくなった。カーリーの憤怒がなければ人生は精彩を欠き、停滞する。

ネガティヴ思考の母親を見た娘は一刻も早く母離れしたくなる。「母のようにはなりたくない。似ているのさえ、嫌」。この言葉の裏には、自分が自分自身の母になるのを恐れる心理が隠れている。[16] マトロフォビア（母親恐怖）と呼ばれるものだ。非常に深い心理であるため、母親は意識的に理解できない。離れていく娘を見ると、恩知らずで身勝手に、自分を嫌って去ったのだと感じてしまう。

母を捨てる

娘も自分が恩知らずであるかのように感じる。「子は初めてのぬくもりや優しさを母親から感じとる。後にそれは不快な圧迫感や罪悪感に変わるが、それでも幼児にとって母親は世界の全てである」。[17]

スーザンは二十代半ば。仕事は順調、恋人とも挙式間近だが、母への罪悪感に悩んでいる。現在五十代半ばの母親は十七年前に離婚後シングルマザーとして家計を支えたが、自分が選んだ仕事に不満で、幸せそうではなかった。

そんな母親の顔色を、スーザンは事あるごとに気にしてしまう。喜んでもらえないと不安になるし、自力で幸せになろうとしない母親に怒ってもいる。

「私だけ幸せになってはいけない気がします。母は経済的にも精神的にも大変で、今は姉と同居中です。母が得られなかった成功や幸せをつかみたいけれど、それは母にとって耐えられないかもしれない。だから仕事にも全力が出せないんです」。

スーザンが電話で「顧客が増えたの」と言うと、母親は即座に話題を変えてスーザンの姉や子供たちの話をする。スーザンは傷つく。喜びを分かち合えないのが悲しく、申し訳なく思う。自分の成功に対する罪悪感と、不幸な母親への怒りが入り混じる。スーザンは母親を一人の人間として捉えることにした。母親がとった選択を受け入れるのだ。

他の心理療法家も似たような例を紹介している。娘は大学を首席で卒業したが、母親は片頭痛のため卒業式に来なかった。娘が「大学院に進みたい」と言うと「そう言えば友達の娘が医大に入ったわ」としか言わなかった。[18] 劣等感がある母親は、娘の能力や夢が直視できない。

残念だが、こうした例は多い。「才能が発揮できなかった母親は娘を過小評価し、目を背ける。または逆に、娘に過度な期待をかけて苦しめる」。[19] 母親が発するメッセージは複雑だ。「私のようにならないでね。でも、私のようになりなさい」「頑張って成功しなさい。でも成功しすぎてはだめよ」。どちらが本音かわからない。娘が男のようになろうとするのも無理はない。自力で成功して褒めてもらえるのはそちらの方だから。

よい母親からの分離

明るくて物分かりのいい母親からは離れがたい。楽園を出るのと同じだからだ。だが母に悪気はなくても、「よい母親」は厄介である。母親が偉大なら、なおさら娘は本来の自分を知るために母から離れなくてはならない。[20]

アリソンは二十代後半、ニューイングランド州の名家の育ちだ。銀行家の母親は地域社会に貢献し、家庭でも育児に愛情を注いだ。アリソンは女優を目指し、名門大学からハリウッドの演劇学校に移った。応援してくれる母が恋しいが、実家の近くに住みたくない。母の存在が大きすぎて、自分が不甲斐なく感じる。実家に電話するたび「昔はよかった」と落ち込み、母のようになれなくて苦しむ。母は母、私は私だと自分に言い聞かせるうちに、アリソンは深い感情を演劇に生かせるようになった。母離れの苦悩が新たな一歩をもたらした。

「女らしい」という言葉は怖い。既成概念にまみれた言葉だ。人の世話を焼くのが女らしさだと思う人もいるし、世間もそう考えるふしがある。「女らしい人って昔はマリリン・モンローみたいな人か、尽くす女しかなかったでしょう。結局、どちらもバストが豊かで。だったら私は女として見てもらえないかもしれない。不安です。女らしくすれば自分じゃなくなって、利用されるだけなんじゃないかって」と、ある中年女性は言っている。

母離れの時に、母親の明るさや優しさなどのプラス面も拒絶すると危険だ。怒りっぽい母親を見て自分の感情全てを抑えてしまう娘もいる。母親が宗教的なことを信じる面を嫌って女性的な神秘性まで失えば、論理や分析に偏った思考しかできなくなる。内面が偏れば、社会全体の偏りにも気づけない。ヒロインは母親との亀裂を修復せねばならない。

女の身体の拒絶

お母さん
私は家に手紙を書きます
私は一人ですから

私の身体を返して下さい

——スーザン・グリフィン『母と子』

娘は母の、母は娘の女らしさを拒絶する。母は思春期の娘の美や若さを妬み、羞恥心や競争心も感じる。父の関心をめぐって母にライバル視されていると感じる娘も多い。

父親も日ごとに色っぽくなる娘に居心地悪さを感じ、距離を置くようになる。父親にタブー視され、母親にライバル視された娘は「女は清純か不浄、淑女か娼婦」という極端な見方を体験する。両親を不快にさせたくなくて、親の前で女らしさを隠そうとする。最初に出会った男性といきなり結婚してしまう娘もいる。父母が娘の身体を支配すると言っても過言ではない。

これが身体感覚拒否の原点かもしれない。もともと女は勘が鋭く、身体で「何かが変だ」と感じるものだ。だが、その感覚を否定すれば思考に頼るようになり、勘が鈍くなってくる。

思春期の娘は両親の態度の変化を感じ、自分の身体を罪悪視し始める。苦悩から逃れるために過食や飲酒、セックス、麻薬などに依存する。身体の勘が鈍っているから、痛みや不調に気づけない。本来ならば女は身体を通してスピリチュアルな感覚を得るが、精神面も発達できなくなってしまうのだ。直感や夢が告げることに無頓着になり、理屈で考えがちになる。その方が安全と感じるからだ。

サラは三十代後半。大学院で人類学を研究していた。長引く脇腹の痛みに耐えかねてセラピーに訪れた。病院での検査結果は異常なし。だが、起き上がれないほどの痛みが何日も続く。論文執筆がストレスかもしれない。私はサラにリラクゼーションをさせた後、イメージを想起する療法を試みた。心の中の子供（インナーチャイルド）を思い浮かべ、身体の中の出来事を話してもらうのだ。

サラが思い浮かべたのは九歳の「女の子」だ。その子はジャングルジムにぶら下がって遊びたいと言う。サラは想像の中で二十分間遊び、我に返ると号泣した。

サラは博士号を取ろうと必死で、心が窮屈になっていたようだ。発言の中に「自分でできる」という言葉が出てくる。恋人とはうまくいっていたが、彼は遠く離れたアラスカに引っ越した。その件も、強いサラは一人で「解決」しようとしている。左の脇腹の痛みは治らない。私はサラに「あなたの身体は何を言おうとしていると思う?」と尋ねた。

「私はたくさんの思いを自分で否定してきました。子供のような無邪気さも、大人として自然を愛する心も。好きなハイキングもしていません。子供も好きですが、私に子供はいません。大学院にいると好きなことができない。強くなれたけど、人にやさしく接することはないし、自分の癒し方もわかりません。でも、弱音を吐くのはいや。だから家族や友人にも頼れません」。身体がつらいと言えば批判されるから、無理して周囲に合わせようとする。女の身体は欲望と非難、両方の目で見られる。

それは旧約聖書でアダムを誘惑したイヴを見るかのような視線だ。宗教だけでなく政治の場も同じである。

パフォーマンス・アーティストのシェリー・ゴークは四歳の頃、自分の身体が将来を決めると気づいたそうだ。「曾祖父、祖父、父から兄まで、みなルター派教会の牧師。兄は四代目ですね。私は四歳の時に初めてフェミニスト的な考えを持ちました。私は女だから跡継ぎになれないんだ、女の身体を持って生まれた者はキリスト教から除外されるんだ、って。女は肉体で、男の神は魂。肉体を拒んで超越し、死ななければ魂は得られません。そんなのおかしい、と私は思いますが」。[21]

彼女は潜在的な母の力に動かされていた。「力を取り戻したくて、父について考えてきました。女性の魂、精神性を見直す動きがあるのは嬉しい。女神となら自分を重ね合わせられます。女神と私の身体は一つ。女神と私の力も一つ。男には奪えないものです」。[22]

母に拒絶される

養子縁組や母親の病気、抑鬱、アルコール依存などでうまく関係を結べないと、娘は深い喪失感を得る。母親に認めてもらい、愛されたいと願い続けるが、叶わない。そこで、年上の女性に心のよりどころを求める人もいる。

ライラは三十代後半のアフリカ系。彼女の母親は多忙だった。「母はいつもくたくたで、私など眼中にありませんでした。でも、私にはエッシーおばさんがいた。私のことをわかってくれて、励ましてくれました。自分を信じなさいって。見つめてもらうたびに胸が熱くなりました。『あんたはいろんなところに行くんだよ。あんたはすごい子だから』と言ってくれた。本当かな、早く確かめたいと思いました」。

母親に拒絶された娘は父親に認められようとする。あるいは男性的なことをしたり、強い男に助けを求め、自分も強くて賢い男になろうとする。男の競争原理で勝とうとし、白人男性の基準に合わせようとする人もいる。それではいくら頑張っても評価されずに疲れるだけだ。[23] 随分後になって、女の原理とは何なのかと思い始める。

「個人の価値観や認識、推測などが集まってできる社会の意識は、根本的に男性的です。一方、社会全体の大きな夢は個人の無意識の集合体。つまり、意識に上らないものですから女性的（母権的）な方に傾いています。男っぽい出世意欲を捨て、母性的なものから何かを生み出し、社会に新しい意識を持ち込もうとする人もいます」と、ユング派の心理療法家ジャネット・ダレットは言っている。[24]

大きな癒しがほしくなると、女神やヒロインが求められる。あるいは女性的な美や力を教えてくれる人物。[25] その延長線上に太母、グレート・マザーがある。

女神は人の形をしたものか、エネルギーの表れか。いずれにしても、女神像は女の力を認めるものだ。男に頼らず、男性的な視点から生まれてもいない。女神は文化に欠けているものを見せてくれる。私たちの力や身体、意志、母を肯定するイメージだ。女神を見れば女は自分を思い出す。女神を見ることは、私たちの完全な姿をイメージすることだ。[26]

Identification With The Masculine

第二章

男らしさに自分を近づける

父の娘

女性は社会的な権利を獲得したが、偏りはまだ残っている。個人やステイタス、出来事などを見ると男性的なものの評価が高い。リーダーシップや自主性、成功の基準も男性寄りだ。女の能力は低く見られやすい。

だから少女たちは権威や優越性、経済力のある男たちに自分を重ねて見ようとする。そうして成功するのが、いわゆる「父の娘」である。幼い頃から父親に認められ、父親の女性観に合わせ、母親からの評価は無視する。これは娘自身の女らしさに影響を与える。野心や経済力、男性との人間関係も父親との関係が基礎になる。

「父の娘」は「父親と肯定的な関係を強く結び、おそらく母親は心から排除しているでしょう。女性を軽視して男性社会に入ろうとします。男性と交流するか、自ら男性原理に従って人生を構築します。男性に教えを乞おうとする反面、男性からの指示やアドバイスを拒絶しがちな面もあります」[1]とリンダ・シュミットは言っている。

心理学者によると、女性の成功者は幼い頃から父親に褒められて才能を伸ばし、父親から愛情を感じ取っている。「父親が娘の人間性に興味を示し、価値を認めて励ました場合」[2] 自主性のある女性に成長する。娘は「女も才能を伸ばせるのだと安心する」。[3] 父親は娘に職業への興味を持たせ、政治やスポーツ、芸術にも親しませる。

例として、女性議員イボンヌ・ブラスウェイト・バークを見てみよう。彼女の父親はサービス業従事者の国際組合活動に生涯を捧げた。イボンヌも一四歳の時、デモに初参加している。父親は映画会社MGMの守衛として二十八年間勤務し、自宅にはいつも多くの組合員が集まっていた。イボンヌがUCLAから南カリフォルニア大学法律学部に進む学費も組合の支援である。

彼女は父親の姿を見て「何かを勝ち取るために全力で戦うことを学びました。ストライキが何カ月続こうと、父は活動をやめませんでした。世の中への意義を感じていましたから」。[4] 彼の姿勢は娘に強い影響を与えた。

「父の苦労と犠牲は大変なものでしたが、私は活動に興味を持って全てを見ていました。私が法曹界から政界に入る時、父は応援してくれた。父の影響で、私も自分で参加する姿勢ができました」。[5] 不動産業の母親は娘が争議に関わるのが不安で教職を勧めたが、彼女の決意は変わらなかった。

サンフランシスコの三十八代目市長ダイアン・ファインスタインも父親の影響で社交性を身につけ、権利意識と強さ、忍耐力を養った。父親は彼女の政治活動を支援し、資金集めから事務所スタッフの世話まで引き受けた。医者だった父は行政への関心も高く、癌で死去する間際まで娘に助言し、支え続けた。彼女が不屈の精神を持てたのも父親の影響だ。「父はいつも私に期待してくれていました。時折くじけそうになっても、やれば必ずできると信じ続けてくれました」。[6]

若い娘は父親の目を通して世界を見つめ、父親の目に映った自分を見る。父親や他の男たちの才能や知性、自尊心を自分のものと比べながら成長しようとする。自分を肯定的に見ながら育つ。父との絆を語るのはバーク前議員もファインスタイン前市長も同じだ。「二人とも男性的な政界で生き抜いたが、女であることを犠牲にしたとは感じていない」。[7]

父親が娘を受け入れれば、社会に出る自信がつく。ありのままの自分を愛する男性像を心に得て、素直に努力できるようになる。

そのような男性像を「ハートがある男」と心理療法家リンダ・レナードは呼んでいる。彼は「やさしく、あたたかで、強い」。恐れずに怒りを受け入れ、愛し、前向きに進む。「冷静で我慢強いが、前進する力もある。それは彼が流れに逆らわずに今を生きているからだ。仕事も遊びも楽しみ、どこにいても、心がどんな状態にあってもリラックスしている。直感的でセクシーな大地の男だ。高い精神性を持ち、創造力に富んでいる」。[8] 父親や、それに準じる男性とのポジティヴな関係があれば、娘は肯定的な男性像を心に描く。その男性像はヒロインの旅をずっと支えてくれる。

仲間としての父親

仕事熱心な女性の父親の特徴について、ニューヨーク大学のアレクサンドラ・シモンズ博士が調査を行った。彼らは娘に教育の大切さを説き、ビジネス界での処世術を教えているそうだ。失敗や不安を気にせず進むことや、自分の人生に責任を持つこと。人に頼らず自分で行動するよう、早くから励ましているらしい。

娘の競争力を最も健康的に伸ばせるのは父親だそうだ。私は母親も同じ力を持つと思うが、博士の次の言葉には同意する。「父親は息子にスポーツや忍耐力、自主性を教えます。同じことを娘にもしてやれば、たとえ娘が大きな成果を上げなくても一生

アテナの誕生

役に立つでしょう。頭を撫でて『かわいいね』と褒めるだけより、はるかにいい。かわいがるだけでは足りません」。[9]

娘は励まされると自信を持つ。目標が持てるようになり、法律や医学、ビジネスや教育、芸術の運営など様々な分野へ羽ばたける。逆に、夢が応援されず、能力がないと感じた娘は目的意識が持てない。後に成功するかもしれないが、回り道が多くなる。

依存的で感情的な母親を反面教師にする娘もいる。引きこもりがちの母親を、父親と一緒になって無視する。そうなると父親は社会面だけでなく、娘の内面にも力を及ぼすようになる。

パパの娘：女性性の吸収

女神アテナは母を捨て、父に倣う。神話では父ゼウスが母メティスを飲み込んだ。これはエゴが強い父権社会が母権社会を飲み込んだことを示すと言われる。女神アテナは生まれた時から完全なる大人の姿だった。父ゼウスの頭がかち割られ、その中から輝く金の鎧姿で槍を持ち、雄たけびを上げて飛び出したのである。以後アテナはゼウスを慕った。ゼウスだけを親として、メティスを母と認識することはなかった。母が存在することさえ知らないようにも見える。

ヘシオドスの記によると、メティスはゼウスの最初の忠実な妻であり、知恵という名の海の女神だ。メティスが妊娠するとゼウスは彼女を騙し、小さな姿に変身させて飲み込んだ。なぜならメティスは二人の特別な子を身ごもったからだ。一人はゼウスに匹敵する勇気と賢さを持つ娘。もう一人は無敵の心を持ち、全ての王となる息子。それを恐れたゼウスはメティスを飲み込み、自分の中に取り込もうとした。[10]

美しいアテナは戦いの女神。戦場でギリシャの英雄たちを守護した。知恵と技術の女神でもあり、戦術に長け、外交や織物を得意とし、都市や文明を保護した。黄金の羊毛を獲ろうとしたイアソンの造船を助け、トロイアに攻め入るギリシャ軍を支援した。トロイア戦争後、母に父アガメムノン殺しの復讐をしたオレステスを釈放する一票を投じた。母との絆より、父権的な価値観を高く見た。

「アテナ型の女性」は父親を尊敬し、母親を低く見る。野心的で聡明で、物事をやり遂げる。しかし、感情にはほとんど価値を認めず、弱者への共感に乏しい。女性性を修復するには母の力の見直しが必要だ。メティスのように男のエゴに飲まれた母、アテナのように母を捨てた娘はたくさんいる。私がこの本を書いているのも自分の母親との亀裂を理解し、癒したいからだ。

私にとって父は神のような存在だった。毎日、父の帰宅が待ち遠しかった。彼は面白くてアイデアが豊富で、広告会社の役員をしていた。当時の社会の花形だ。戦後経済成長の時流に乗った青年の一人が父だった。マンハッタンの高層ビルで毎日深夜まで働き、全米規模の賞を獲得し、若い男性社員たちのよき先輩だった。

私は父が大好きだった。夕食が一緒にできず寂しかったが、朝起きるとなぜかいる。

子供心に不思議だった。父は何か「大切な仕事」をしているに違いないと私は思った。たぶん神様の仕事のようなものだ！

父に褒めてもらいたくて、私は熱心に話しかけた。お利口にふるまい、父の話をよく聞いた。休日も彼は常に何かしていた。一緒に金物屋や材木屋へ行く時、私の心は躍った。今でも新鮮な材木の香りを嗅ぐと父を思い出す。

十三歳の頃、父の会社で夏のアルバイトを始めた。私は学校の成績がよく、父はみんなに自慢した。独学で勉強するしかなかった彼は教育は大事だとよく言っていた。だが、私が広告業界に入りたいと言うと、父は「女の子が活躍する場はない」と後ろ向きだった。女は感情が不安定だからメディアの仕事には向かない、と。唯一、コピーライターなら家事と両立できていいだろうと言った。私は密かに、自分は違うことを証明しようと決意した。

他の父親たちと違い、彼は私の話をよく聞いてくれた。母とは話しづらかったから、ありがたかった。父と話せば自分のことがわかる。なんでも話せる父がいてよかった――少なくとも私はそう思っていた。ただ、母が感情を荒れさせた話は聞きたがらず、わかってあげなさい、我慢しなさいと言うだけだった。

私は夢を見た。アルコール依存症者の家族会に友人の精神科医ペグがいる。私の向かいに座り、私が発言する間、手を握ってくれる。私が長々と話すので、他の人々が怒り始める。するとペグは「お父さんがここにいなくて悲しいんでしょう。お仕事が忙しくて、助けてもらえなかったのね」。

私は驚いた。問題は母にあると思っていたからだ。母という悪者から私を救ってくれるのが父だと思っていた。うぶなヒロインによくあることだ。私は父を理想化し、王子様を待つプリンセス気取りでいたわけだ。だが、父は私を助けてくれなかった。何年も経って気づいた。父は世界で大事な仕事をするために、母と私を捨てたのだ。

父を求めて：仲間集め

旅の第二段階でヒロインは男らしくなろうとするか、男に援助を求める。女らしさを捨てて武装をし、愛する者たちを置いて宝探しの旅に出る。成功を目指して論理的に考え、ルートを探す。ヒロインには男性的な世界が健全で楽しく、アクティヴに見える。男のように結果を出そうとヒロインも決意する。

ここでヒロインはロールモデルを求める。女性の自我の発達にとって重要な段階だが、ヒロインは父親や恋人、教師、上司やコーチ、組織の人物や宗教家、神を見習おうとする。あるいは男勝りな女性や子供がいない成人女性。組織のルールに従って行動し、何かの分野でトップに上り詰めた人物だ。

国際的な玩具メーカー、マテル社の前ＣＥＯジル・バラッドは米国でも有数の女性エグゼクティヴだ。彼女は自身の成功要因にチームワークや統率力だけでなく、長年助言をくれた指導者たちの存在を挙げた。感性のひらめきと建設的なフィードバックをすり合わせる独自の経営スタイルは、バラッドが両親から学んだものだ。家庭は知的な刺激に富んでおり、いつも父親は「お前はなりたいものになれる。その道で上達すればね。必要なことを真剣に学び、行動に移しなさい」と励ましてくれた。[11]

「権力を求める女は男のようになるか、男に気に入られようとする」。[12] 一見それは悪いようには見えない。母離れして社会に出るなら、むしろ健康的だ。「男のように」というのは努力や決断力、方向性、勇気、パワー、自尊心といったプラス面がある。それを父親に学ぶと、娘は社会的な成功が想像しやすくなる。

娘が深刻なダメージを受けるのは、男性からの関心や評価に依存した時だ。権力者に好かれなければ自分は存在さえできない、という考え方になる。ルイス・キャロルが『鏡の国のアリス』で風刺する通りだ。[13] アリスは「お前は王様の空想の中にしか存在していないのだ」と宣告される。


「夢を見てるんだよ。それで、なんの夢を見てると思う?」とトゥイードルディー。

アリスは答えます。「そんなのだれにもわかんないわ」

「いやぁ、きみのことだよ!」とトゥイードルディーは、勝ち誇ったように手を叩きながら叫びました。「そして王さまがきみのことを夢見るのをやめちゃったら、きみはどうなっちゃうと思う?」

「別にいまのままここにいるわよ、もちろん」とアリス。

「きみはちがうね!」とトゥイードルディーがバカにしたように切り返します。「きみはどこにもいなくなっちゃうんだよ。だってきみなんか、王さまの夢の中にしかいないモノじゃないか!」

「あそこにいるあの王さまが目をさましたら、きみは――ボーン!――ロウソクみたいに消えちゃうんだよ!」[14]

肯定的な男性の不在

父親などから粗末な扱いを受けると、娘の自尊心は深く傷つく。欠点を補おうと過度に努め、完璧主義、自我の未発達を招く。存在感のない父親や無関心な父親はヒロインを傷つける。

カナダ人アーティストのエミリー・カーの日記がそれを如実に表している。目の前にいる父は家族に何の感情も見せない。娘は六十代後半になっても、その姿が心から消せない。

六十六年前の今夜、私はまだ物心つくかどうかだった。父は何も感じなかったのだろうか？　母以上に無関心だった。彼にとっては豪華な錫の皿の上で湯気を立てる料理の方が大切。ステーキを見る目が輝いていた。私を産んだばかりの母にやさしい言葉をかけたのか、それともこんなふうに厳格な顔をして、母が産後に回復してまた料理できるまで待っていただけなのか。父は子供たちが物心つくまで放置した。

子供たちが自分を尊敬できる年頃になると、子供たちの気持ちをへし折った。[15]
年長の男性が無関心でいると、娘は「武装したアマゾン族」になるとリンダ・レナードは言っている。

冷淡な父親を持つと、娘は自分で男の役割を演じようとします。父親から得られないものを自家発電で賄おうとするのです。強さを見せれば職業や社会参画にはいいでしょう。でも、本来の女らしい感情やソフトな面を隠す楯にもなってしまうのです。自分らしさや男性との向き合い方、流れに合わせる柔軟性やバイタリティーが出にくくなります。[16]

こうした女性は職業で成功するが、心のつながりは希薄だ。冷淡で頑固な暴君を見て育てば、心の男性像も同じようになる。どんなに努力しても「もっとたくさん、もっとうまく、もっと速く」と要求する。愛されたい、満たされたい願望などどこ吹く風だ。休みを取るなど、もっての他である。

ダニエルは三十代前半、商業物件を扱う大手不動産会社の経営者だ。すらりとした知的な美人で、セクシーさもビジネスの武器にしている。人にはいっさい弱みを見せない。父親はヨーロッパ系の起業家で、三年前に亡くなった。ダニエルは父のイメージが大好きだ。たくましく威厳があり、確固たる態度で一族を率いた。

彼はダニエルの美と賢さをしょっちゅう褒めた。「男と寝るな。身辺を清潔に保て」と言い、仕事の自慢話や打ち明け話をした。両親は彼女が十代の時に離婚していた。母親のアルコール依存は悪化する一方だったし、ダニエルは虐待も受けていた。父親の後妻はダニエルと年が近い若い女で、父のセックスの相手というだけだった。彼はそれに飽き足らず、平気で外の女たちにも手をつけた。

ダニエルは父親の仕事を手伝いたかったが、彼の態度は閉鎖的だった。彼女は父親の死後に起業した。実力を示したかったのだ。父親の跡継ぎにしてもらえなかったのが悲しくて、職場でも私生活でも男性みんなに当たり散らした。そのせいで失脚すると、彼女は顧客を責めた。自己主張が強い女を受け入れない世間の方が悪いと言った。

「父が生きていれば絶対に助けてくれたわ」と彼女は怒鳴った。現実を振り返ればそんなはずはないが、認めようとしない。彼女は誰も信用しない。心の歪みは子宮頸部や膣の炎症となって表れた。女らしい感性が理解できず、周囲の女性を「馬鹿なくせに計算高いだけ」と批判した。

ダニエルの膣炎は再発を繰り返した。強い不安に陥り、男はみんな軽薄だと言って責めた。私はイメージを想起するエクササイズをしてもらうことにした。身体の痛みと語るよう促すと、彼女は自分の怒りの中心に触れることができた。

「すさんだ母の相手をさせるなんて、ひどいわ。私はまだ子供だったのに。父は『放っておけ』という顔をして仕事に行った。私を守ってくれなかった。

どうすれば社会でうまくやれるの？　競争って何？　私はただの偉そうで心が狭い人間。家でちやほやされて母を馬鹿にし、父の仲間のつもりでいた。私は変。父が死んだ今、もう昔とは違う。何が残ったのかな。父の話の聞き役だからって、いい気になって、結局、都合よく扱われただけ。

人を思いやるってどういう意味かわからないし、もう怖くて仕事できない。自分がトップでなきゃいや。仕事の進め方も知らない。新入社員で一から始めるなんて無理。交渉も苦手。だって相手を信用できないもの。特に男は」。

父親の影響は私生活にも及んでいた。彼はダニエルの母や異母妹に冷たく、女性を蔑視していた。異母妹は十代で自殺した。ダニエルのことも単に利用しただけだ。彼女はセラピーを受け、ようやくそれに気づいた。

父親を目標にする女性はたくさんいるが、たとえ教育水準が高くても成功は長続きしない。父親が「所詮、女はだめだ」と思っていれば娘はそれを感じ取り、葛藤する。[17]

完璧中毒

明るく元気な若い女性が、実は劣等感の反動で頑張り過ぎているケースもある。

社会は過程を評価せず、個性の違いも受け入れない。完璧を求める。しかも、みな同じように――それが無理なら、みな似たように――完璧になろうよ、と。価値観も成績も頭も身体も標準値に「達する」べきだと考える。それに合わない人はもっと頑張り、ダイエットやエクササイズやおしゃれに励めと言われる。だから自分の個性（と女性であること）は克服せねばならない「問題」と見られがちだ。[18]

男性的な思考で意気揚々と戦う女もいるが、どう頑張っても「これじゃ、まだ足りない」と苦い思いをする。そして、男と同じになろうとしてさらに頑張る。私などはカトリックの家庭で育ったから、それは女が神に似せて作られなかったからではないかとよく考える。その感覚は娘が父親から感じることと似ている。性器の形が違うから愛され、突き放され、恐れられることさえある。

ナンシーは四十代前半。二十代の頃からパフォーマンスや政治運動をし、社会人になってから大学の法学部に入った。彼女の悩みは完璧を求め過ぎることだ。レポートを書くのに時間と労力をかけ過ぎる。結局、期日が守れず成績が悪くなる。能力が低いわけではない。努力し過ぎなのだ。

誰のために完璧な答えを書こうとするのか尋ねると、彼女は「パパです」と答えた。ナンシーの父親はトラック運転手で、愉快な男だ。初めて授かった子がナンシーだったため、彼はよく「お前が男の子だったらよかったのに」と言った。「でも、しょうがないよな。さて、九かける九はいくつだ?」。

「私はいつも正しく答えました。スポーツも単語テストも頑張って、州都も全部暗記して、いつでも答えられるようにしました。でも、女の子で何が悪いんだろう、と疑問でした。とにかく男の子じゃないから何かが変なんだ、埋め合わせしないと、って思いました」。

ナンシーは父親の理想と比較されたのだ。男でないから「しょうがない」なら、娘はせいぜい物事を完璧にするしかない。私の父も「ちゃんとできないなら、最初から手を出すな」とよく言った。その言葉は私の心にもしっかり焼きついている。

父親のルールを学ぶ

幼い娘は「かわいくお利口にすればパパに好かれる」と気づく。家の中でも外でもパパが一番偉い。娘が人生で最初に媚びる相手は父親だ。

父親の反応は娘の成長に重大な影響を及ぼす。ぬくもりや笑い、愛情がなければ、娘が愛を得るのは母親しかない。父親が支配的で批判的だと、娘の異性に対する愛情は育ちにくい。

最悪なのは、父親が支配欲に駆られて性的虐待をする場合だ。娘は生涯かけて自らの性と尊厳を修復せねばならない。

自分の知性を示して父親に嘲笑や批判をされたり、暴力を振るわれる娘もいる。娘は男の前で控え目にふるまうようになる。カードゲームやスポーツなどでわざと父親を勝たせ、大人になると上司を立てる。向上心が失われ、受け身で皮肉っぽくなる。

幼少期に父親に肯定されなかった娘は、その後の人間関係の中で父を探し続ける。

ロレッタは三十代後半。父親はハンサムなスポーツキャスター。彼女は父親に憧れたが、彼がかわいがるのは三人の息子たちだけだった。息子はみな運動神経がよかったが、ロレッタは物静かで空想好きな少女だった。よく林で遊んだが活発ではなく、スポーツとも無縁だ。作文を書き、動物を大事にするロレッタを父親は馬鹿にした。母親は暗い性格だ。家族の誰にも溶け込めないまま、ロレッタは結婚した。

「最初の夫は野球選手だったので、ボックス席に父を招いて一緒に観戦しました。父は夫の成績を詳しく知っていたけれど、私は全然。結局、夫とは何も共通点がないので離婚しました。二番目の夫は私より年上で、父にそっくり。スポーツマンだけどアマチュアなので、いろいろと違うだろうと思いました。私も彼も文章を書きますが、彼は私の批判ばかり。それが三年間続いて、私は母みたいに存在感がなくなっちゃうと思いました。

二度目の離婚から立ち直るのに少しかかりました。でも、一年ほど経った時、ああ、私が結婚したのは父に拒絶された寂しさを埋めるためだったんだなって。だから、しばらく恋愛をお休みして、文章を書くことに専念しました。今は高校教師の男性と交際中です。スポーツとは縁がない人ですが、私の話に興味を持ってくれる。一緒にいて楽しいし、女性として幸せを感じたのは初めてです。彼と結婚するかはまだわかりませんが、もう父の影を追わないことは確かです」。

父親たちへの通告

ヒロインは自分らしくあるために何をすべきかを探す。自分に嘘をつかず正直に生きるには、人に頼らなくても大丈夫、と実感することが大切だ。ヒロインが人生の旅の初めで培う能力は社会で強く生きるのに役立つ。

父親だけが娘の社会性を養うわけではない。ただ、基本的に社会は男性原理で動いている。女性に対する評価が歪んでいる限り、女性の精神や心理も影響を受ける。その傾向も徐々に変わりつつあるが、その変化はゆっくりだ。

男女差別や人種差別が完全に消えるのはまだ少し先かもしれない。だが、まず家庭の親が変われば、娘たちはすこやかな家族関係を築き、その輪が社会に広がっていくだろう。彼女たちが心に思い描く男性像が「ハートがある男」になってほしい。

The Road Of Trials

第三章

試練の道

怪物やドラゴンとの対決

ヒロインは家を出て自分探しをする。丘を越え、谷を下り、川や砂漠や暗い森を経て迷宮にたどり着く。迷宮の中に答えがあるが、怪物が出てきて邪魔をする。ランプで照らし、道しるべの糸を持ち、知恵を絞らなくてはだめだ。

なぜヒロインは暗い迷宮に行くのだろうか。わざわざ行って探すほどの答えとは、宝とは何だろうか。それを渡すまいとする怪物やドラゴンとは何なのか。

ヒロインが一人で闇を歩くのは己の弱さを克服し、強くなるための試練の喩えだ。住み慣れた「家」から出たヒロインは、出会う人全てに自分の内面を投影する。ポジティヴな面もネガティヴな面も、進学や就職などでの出会いを機に見えてくる。問題に出会ったら他人のせいにせず、自分を見つめる時である。「自分の」真実を示す剣をとり、「自分の」声を見つけ、「自分の」道を歩み、ヒロインは大切な宝を見つけようとする。

ヒロインは社会でも魂の領域でも障害にぶつかる。学位や昇進、地位や結婚、経済的成功を求めると「お前はこの宝が本当にほしいのか？　他にも優秀な候補者がいっぱいいるんだぞ」と脅すドラゴンのような番人たちがいる。両親や教師、上司のような存在だ。

ドラゴンより厄介なのは小さなトカゲたちだ。にこにこ笑って「君がしたいことを何でもしていいよ」と口では言うが、実際にチャンスは与えない。給料や育児手当、人事査定は厳しいままだ。トカゲの本音は「何でも好きなことをしていいよ。我々がお前にしてほしいと思うことをする限りはね」だ。

ヒロインを邪魔する怪物は忍耐力や決断力、自制心を試す。同僚や役所、恋人がヒロインの望み通りに動いてくれないこともある。ヒロインは駆け引きをして勝とうとしたり、何かを得て

「神話への挑戦Ⅲ」　ナンシー・アン・ジョーンズの絵画

自立した気分になったりするかもしれない。

だが、旅が進むにつれ、ヒロインは不安や自己嫌悪、自分自身の決断力のなさに直面する。「君にもできるさ」と言われても、ヒロインは「いいえ、できないわ」という悪魔の声を聞いて悩む。「どうせ私なんて」「実態を知ったら、きっとみんな離れていく」「目立てば悪口を言われる」「やっぱり人に頼るべきだ」「私には無理」「私は女だから結婚して子育てしたいと思って当然」。

心の声は永遠に続く。自信も意欲もなくなり、考えが曖昧になってくる。ドラゴンを恐れる限り、神話は崩せない。女なんだから人に頼れ、恋人に助けを求めろという神話は手ごわい敵だ。臆さず迷宮に入らねばならない。勇気を奮い起こし、心の奥底を探るのだ。

依存の神話

「依存」と「欲求」は厄介な言葉だ。子供は大人に依存しないと生きられないが、女児の自立は男児ほどには奨励されない。「女の子は親や家族に頼り、結婚後は夫や子供に頼るものとされる」。[1]

女の子は幼い頃から、女性が人の欲求に応える様子を見ている。たとえば、母親がこんなことを言う姿だ。「喉が渇いたでしょう。冷たい飲み物をあげようか?」「今日は大変だったね。疲れたでしょう。ご飯の前に少し寝る?」「チームに入れなくて残念だったわね」。

それを見て、娘は自分の欲求もわかってもらえると期待し、あてが外れると罪悪感を感じる。人に何かを求めるのは悪いことかもしれない、と。

要求すればわがままだと言われそうだし、自分でもわがままだと感じる。しかし、その要求は自然な欲求に過ぎない。[2] 自分の時間やスペースがほしい、話を聞いてほしい、やさしく抱きしめてほしい、才能を伸ばすチャンスがほしい——そうした、いたってノーマルな欲求が否定されると、自分から何かを求める権利はないと思い始める。自分の権利を全てあきらめる人も出てくる。

相手を傷つけないよう、立てる人もいる。妻は夫に従うという暗黙の了解を意識するのは、自分が目立たなくすれば相手が引き立つからだ。彼女が弱ければ彼が強く見える。男女関係以外でも同じだ。ヒロインは夫や同僚、恋人や子供に自己主張させるため、無意識に自分を放棄する。相手にこうした「贈り物」をして自尊心を保ち、人間関係のバランスを保とうとする。ハリエット・レーナーはこう述べている。

受動的な女性が多いのには二つの要因があります。一つは人を支え、守ろうとすること。もう一つは相手より弱い立場にいないと関係が維持できないという考えです。自由な思考ができる女性でさえ、うっかり他人を、特に男性を「傷つけ」ては悪いという無意識の不安があります。実際、自己主張をすると「男を馬鹿にしている」「子供に悪影響だ」「思いやりがない」と批判されることが多いですから。[3]

「人」に尽くすべきだという考えは、心に深く定着する。相手が求めているかどうかは関係ない。娘は母親が家族の世話を焼くのを見て育ち、母親と同じように行動する。では、尽くす「相手」が自分自身ならどうだろう。内面に辻褄が合わなくなり、解決の必要性に迫られる。

リンは四十代前半の脚本家。コカイン依存症の夫と別居した。仕事が波に乗りかけた矢先、薬物を断った夫が家に戻ってやり直したいと言い出した。リンにとっては別居の方が仕事に集中できる。自分で家計を支えたい反面、家庭を壊すのが怖い。

リンは二つの頭を持つドラゴンに苦しめられている。ドラゴンは「仕事と家庭、どちらが大事だ」とねちねち責める。脚本を書けば家事が疎かになる。だが、家庭と母の役割を優先しても「それが当然」という顔をされるだけだ。リンはやる気をなくし、疲れ切っていた。

リンにドラゴンどうしの会話を想像して書いてもらうと、徐々に彼女は気づいた。「母」は申し訳なさそうにつぶやく。「脚本家」は怒りで語気が荒い。どちらもときどき、自分が誰だか混乱した。

双頭のドラゴン

脚本家「早くしなきゃ。遅れちゃうよ。時間がない。やろうと思ってからが長いんだから。さっさと切り替えて。どうでもいいから、あの人のことなんて」
母「でも『あの人』って私のことよ。私。私が本当のあなたよ」
脚本家「勝手にそう思っていれば。じゃあね」

母　「早起きするのは私。ベッドを整えるのも私。子供たちの食事。皿洗い。家の片づけ。全部、私」

脚本家　「で？　待ってられないわ。邪魔なだけ」

母　「もし私がいなかったら――」

脚本家　「あなたがいなければ、もっと時間ができるのに」

母　「私がいなければ、あなたはあきらめていたかも。私があなたのモチベーション。私があなたの居場所を作ってる」

脚本家　「あなたは世話をしているつもりでしょうけど、要求ばかりで息苦しい。消耗するだけ。朝もあなたのせいで疲れる。目ざわりなのよ。あなたの要求。人の要求。あなたは違いがわからない。あなたのせいで私はへとへと。あなたは残り物しかくれない」

母　「へとへとなのは私よ、いつだって。いくらやっても足りない。ねえお母さん、お母さんって次々に要求される。子供たちにも夫にも、他の人たちにも。きりがないのよ。でも、応えてあげたいの。大変なのよ。次から次へと用事ができる。あなただってそうじゃない」

脚本家　「私は不公平な目に遭ってるわ」
母　「私にだって不公平よ。私の生きる権利は？　トイレにさえ自由に行けない。我慢したり、子供の世話をしながら慌ててしたり。気分転換だってしたいわ。踊りたくなったら踊りたい」
脚本家　「やめてよ。私の時間がなくなる。あなたが生きているのは私のおかげ。気分転換させてあげてるのは私よ。私がいなかったら、あなたはとっくに倒れていたわ」
母　「もし私がいなかったら、あなたはとっくにあきらめてた――」
脚本家　「私が話してるのよ、邪魔しないで――」
母　「あなたが邪魔しているんじゃない――」
脚本家　「私の方が――私が――」
母　「私にくれたっていいじゃない。私だって、もっとほしい――」
脚本家　「何が？　何がほしいのよ」
母　「時間よ！」
脚本家　「私にも時間が要るわ！　あなたはそれ以上時間をとらないで！」

母　「気持ちよく生きたいのよ——だめ、それじゃ足りない。もっといい気持ちでいたい！」
脚本家「それはこっちが言いたいことよ。あなたが機嫌よければ私だっていい気分。そうすれば私は前に進めるのに——」
母　「じゃあ私をいい気分にさせてよ。私が自分を責めなくていいように」
脚本家「それは自分で解決してよ。せいぜい頑張って」
母　「私には必要なのよ——もっと——」
脚本家「時間がほしい？　じゃあ睡眠時間を削れば」
母　「でも、もう疲れた——」
脚本家「じゃあ私にかまわないで。首を突っ込まないで。黙ってて」
母　「そんなの無理」
脚本家「でしょうね。私だって無理よ」

押し問答は延々と続いた。社会でも家庭でも「人が先、自分は後」という姿勢が求められる。だが、人に尽くしてばかりでいると、自分の成長がお預けになる。

ヒロインは暗黙のルールの正体を暴かなくてはならない。自分がそのルールをどう捉えて自分を納得させているのかも。母離れに不安や罪悪感を感じるのは、母親が自分を後回しにして尽くしてくれたのを見て育っているからだ。

また、ヒロインは自分がどう人に頼るかも検証することが大事だ。過去や現在、人を傷つけまいとして自分の意思を引っ込めたことはなかったか。あるとしたら、じっくり自分の本音を探し、自分の欲求がノーマルで自然なものだと気づかねばならない。今いる場所でそれが満たせないなら、抜け出す権利がある。

一九七〇年代以降、家族の実態調査が活発に行われ、男女の役割が見直された。調査の結果、「男女平等の意識が家族と対立しない限り、女性は家事と自分の生き方とを両立させている」ことがわかった。[4]

この世代の女性は出産と仕事の選択に迫られた。前の世代にはなかった傾向だ。出産でなく仕事を選んだ人は結婚相手が現れなかったか、仕事をあきらめるのを躊躇した人たちである。三十代半ばを過ぎて悩んだ女性が多かった時代だ。

自立と出産の問題に直面すれば、社会の変化や男性の援助の必要性に気づくだろう。役割分担や行政の対応が柔軟になれば、「女は人に頼らねばならない」という見方も変わる。ヒロインが自分を犠牲にしないで済む。女は女のやり方で自主性を持ち、物事をやり遂げ、愛して育てる力があると認識できるはずだ。

女はだめだという神話

最も優れた奴隷は
叩く必要などない
彼女は自分で自分を叩く

革の鞭など要らない
杖や小枝も要らない
棍棒も要らず
警棒も要らず
ただ、よい鞭がある
それは彼女自身の舌だ

かすかに舌を打ち
自分の心を鞭打てばよい

自分の中の半分を
そんなにうまく憎める人はいるだろうか?
自分を鞭打つほど
うまい方法はあるだろうか?

これをするには
長年の訓練が必要だ。

——エリカ・ジョング『吟遊詩人アルケスティス』

女性の自己評価も社会に影響されて低くなりがちだ。だが世間を見回すと、自分より能力も野心も高くなさそうな男が高い地位にいることもある。女は戸惑い、社会全体をもう一度振り返って考える。「やっぱり男の方が上」「女一人では価値がない。男や子供との関係がないとだめだ」。そう思い直し、自分のスキルや知識を低く見てしまう。「もし私がもう少しやれば……もっと頑張れば……もし私がいい子にすれば……もし私が資格を取れば……もしあのスーツを着れば……もし車を運転すれば。もしも私が……すれば認めてもらえるかもしれない」。

自分に対する憤りがたまり、父母の声と同じように響き出す。その声は鬼や魔女の姿で現れることもある。女は怒りを自分に向ける習慣ができている。そして、自分に向けた怒りは母親に向けられる。[5] 前にも述べた通り、それは昔話でも表現されている。母親はみな悲惨な死を遂げるのだ。私は女性たちに、自分を責める声に悩まないよう助言している。その声の主には休みが必要だ。ハワイ旅行にでも行かせてあげなさい、と勧めている。

鬼退治

私は夢を見た。暴徒に追われて法王の埋葬室へ逃げ込む夢だ。石棺一つひとつに死者の像が彫られている。法王は剣をとって彫像に振り下ろす。あちこちの廊下から怒号が響く。もう逃げ場はない。

この夢で思い出すのは、教会の地下室で書類にサインしろと迫られた日のことだ。当時、私は結婚前に妊娠が発覚したところだった。母は私を恥じ、遠いところで密かに結婚させようとした。

私と恋人が州外の教会へ行くと、牧師はこの結婚に「障害」なしという誓約書を出してきた。宗教上、私の妊娠は障害に当たる。当然、私は署名を拒否した。

私は地下の小部屋に連れて行かれた。でっぷり太った牧師が茶色い衣を着て座っており、「署名しないと結婚できないよ」と言った。私が「妊娠しているから署名できない」と言うと、彼は「それは大事なことではない」と言った。私は怖くなり、また、腹が立った。この教会では嘘がまかり通るのか？　私は断った。

いらいらした牧師は小部屋を出て、考え直せと私に言った。恋人もやってきて「とにかく神の御言葉どおりに手続きして帰ろう」と言った。私は憤った。彼は私の味方ではなかったのか？　肩を落とし、私は渋々署名した。

あれから私は変わった。権威に対して、もう古い考えは持っていない。私は法王から剣を奪い、古びた彫像に突き刺した。相手に迎合する必要はない。私は自分の選択をする勇気がある。

剣は真実。その刃を研ぐ石は洞察だ。自分の中にある偏見を壊すには、自分で剣を研がねばならない。女の場合、真実の大部分は男性的な神話の影響を受けて曖昧になっている。自分が知っていることを表現する新しい言葉や形が必要だ。[6] 自分の声が必要なのである。

表現力を磨けばいろいろな人と仲良くなれる。思いを伝える勇気を持てば輪が広がる。女性の手による芸術、詩や劇、ダンスの振付、職場の環境設計などが増えるほど、気づきの輪が大きくなる。一人が劣等感を払拭するたびに、刺激を受けて成長する人が増えていく。

女性の価値を主張しよう。どんな形で文化や社会に貢献してもいい。女性には人に共感する力、美しさを求める感性、いたわりの気持ちがある。自らの価値を愛すれば、男性とも、自分の心にある男性像とも対等なパートナーシップが持てる。男とは「男性である人間」で、特殊な力や権威があるわけではない。そう認識すれば、男を真似する必要はないと気づくだろう。男性的な社会への執着も消え、他の女たちを毛嫌いする気持ちもなくなる。[7]

恋愛の神話

女は男に全ての悩みを解決してもらおうとして、父親と恋人、救済者が一体化したような相手を求めるそうだ。「理想のタイプと巡り会えたら幸せになれる」「理想の上司がいれば昇進できる」「パワフルな男と付き合えば私もパワフルになれる」「私は彼の仕事を手伝ってあげられる」。つまり「私は自分がしたいことを見つけなくていい。彼の人生を生きればいいのだから」。女は自分の心の満たし方を間違いやすい。

男は女を養い、守ろうとする。「男が女と結ばれ、彼女を守ると約束すると、男女共に『女に成長の旅は不要』と考えるようになる。怪物退治は男が一手に引き受ける」。[8] 男は女を救って自尊心を高める。ある心理学の講座のタイトルに「輝く鎧姿の騎士、悩める乙女を探す：結婚の目的」というのがあった。男性心理を言い当てている。

女は待つ側だ。幼い娘は窓に顔をくっつけてパパの帰りをじっと待つ。思春期の娘は彼氏からの連絡を待つ。初めてのキスも初めてのデートも、初めてのオーガズムも待つ側だ。

女は常に何かを期待する側にならざるを得ない。子供を産めば、育児をしながら夫の帰りを待つだろう。外界との接点は夫になり、夫が全てを取り仕切る。彼女は人生が始まるのを待ち、心でこう囁く。「私一人じゃできない」「誰かがいないとだめ」「彼が必要」「待たなくちゃ」。

おとぎ話のヒロインは眠りから覚めた途端、全てがバラ色になる。この不思議な変化を起こすのは大抵、男だ。白雪姫やシンデレラ、ラプンツェル、眠れる森の美女、イライザ・ドゥーリトルやペルセポネはみな王子様を待っている。だが、王子様に助けられるだけでは真の変化は起きない。たゆまず成長を続けることだ。それも、長い期間をかけて。

プシュケとエロス

王子様に助けられた後の成長の旅は神話『プシュケとエロス』から読み取れる。乙女プシュケは愛の神エロスに命を救われ、宮殿に迎え入れられる。[9] 新妻となったプシュケは着物も食事もみなエロスに与えられる。プシュケにとって、エロスは謎めいた夫だ。夜になると闇に姿を隠し、昼間の行動も詮索するなと命じられたからだ。

それを聞いたプシュケの姉たちは怪しむ。エロスは化け物ではないか？ かくしてプシュケは男の神話に立ち向かう。夫の命令に背いてランプを灯し、彼の寝顔をまじまじと見るのだ。ランプの油を少し垂らすと彼は目を開けた。その時プシュケはうっかり彼の矢で自分を刺してしまい、恋の魔力にかかる。彼女はエロスの神々しさに見惚れるが、彼は怒って母親アフロディテの元に帰ってしまう。

夫の顔を見ようとするプシュケについて、ユング派の分析家ロバート・ジョンソンは次のように述べている。

女性は心の中の男性像や神に支配される期間がある。自分の中にあるエロスが無意識に働いている間は、真実を知らずに楽園で暮らそうとする。支配されても疑問を抱かず、現実的な関係を結ぼうとしない。心の中で大転換が起きた時、女は『あなたの素顔を見てやるわ』と翻る。[10]

エロスに去られたプシュケは悲しみ、入水自殺を試みる。だが、牧神パーンの勧めでエロスを探し、愛の女神アフロディテの元を訪れる。アフロディテは若いプシュケを見下し、次から次へと難題を与えて試練に晒す。

最初の課題は穀物のより分けで、プシュケは選択能力を養う。次の課題は金の羊毛集め。獰猛な羊たちには触れず、木の枝に付いた毛を摘みながら、自然の力を間接的に手にする術を学ぶ。三番目は水晶の杯で三途の川の水汲みだ。秩序と限度を守り、集中力を養う。四番目は冥界のペルセポネに美の軟膏を分けてもらうこと。亡者たちに泣きつかれても助けてはならない。同情心を抑える修行だ。プシュケは自制心を保つが、うっかり自分が人間であることを言い忘れ、死ななくてはならなくなる。成長が完成する前に、古い自分を死なせるのである。

この神話には、プシュケの試練を助ける者たちが登場する。蟻が穀物の選別を手伝い、葦は金羊毛の集め方を教え、鷲は水晶の杯を満たし、塔は冥界への行き方を教える。最後にプシュケが死んだように倒れるとエロスが彼女を目覚めさせ、オリュムポスの神殿に招いて女神にする。それまで助っ人として現れていた者たちはエロスが変身した姿である。彼は女性の心を導くガイドである。

ロバート・ジョンソンは内面の男性の大切さを説く。「エロスはいたずらっぽい少年のような性格から成熟した男に変わる。彼女はエロスの助けを得て努力し、苦労が報われる」。[11]

エロスとプシュケは結婚し、喜びという名の娘が生まれた。苦行を終えて女神になった彼女は、もう恋愛の幻想に惑わされない。エロスと対等な夫婦となり、真の愛に到達する。

愛に幻想を抱く女性はむやみに夫を崇めようとする。神のようになってほしいと望み、家のローンや保険の支払い、引っ越しの決断などを夫に任せる。そうすれば自分は責任を負わなくて済むからだ。ヒロインは自分で決断を下し、自主性を回復させなくてはならない。「私を幸せにしてね」と依存するのをやめれば、きちんとパートナーに向き合える。本当にロマンティックな恋愛が楽しめるのは、それからだ。

The Illusory Boon Of Success

第四章

成功の幻想

『キャシー』作者キャシー・ギーズワイト

CATHY By Cathy Guisewite

「仕事復帰したらルークが手伝ってくれると思ってた」「そうよね」

「共働きでも家事や育児は私だけ」

「そういう女は多いのよ」

「まだ夢はある。でも寝る時間がないのよね」

スーパーウーマンの神話

試練の時期にある女は痛ましい。恐怖や涙、トラウマに襲われる。人に合わせてきた自分を壊し、越えねばならないからだ。引き留める声を振り切り、「誰か助けて」「これ以上は無理」と囁く怪物を倒さねばならない。とても危険な旅である。

大学に進学を決意するなら学問に集中せねばならない。また、大卒という肩書きを得るだけでは競争に勝てない。大学院を出て就職する人もいるだろう。どんなコースを歩むにしても、自分の選択で責任をまっとうし、新たな人生を築いていけばいい。

就職を決意するなら、昇進を目指して前進するか、独立起業する。会議に出席し、休暇を海外で過ごし、地域社会に貢献することもあるだろう。結婚しても、夫によって自分の価値を計らない。マイホーム購入も視野に入れて将来を計画する。出産後も仕事を続け、時間や役割分担を考えながら育児や家事をこなす。きちんと自分の考えを伝える。よく働きよく遊び、生活の潤いを楽しむ。社会に対する影響力もある。

そのようにして自らの力を知ったヒロインは自信に輝く。自分にふさわしい宝を見つけたのだ。小説を書いたり展覧会を開いたり、陸上競技で男性を超える記録を出したりするかもしれない。助成金を得て演劇活動をしたり、オフィスを設けて開業したり、初めて登山に成功したり、母親が実現できなかったことをして世に認められる。

女には見えない障壁、「ガラスの天井」があると言われるが、玩具メーカー、マテル社のジル・バラッドはそれを突き抜けて幹部に昇進した。自身の努力と、女性を起用したい企業の意向が合致した形だ。バラッドは五百人の社員を指揮し、製品の企画からマーケティングまで監督した。

一九八七年当時のビジネスウィーク誌に、彼女は「今後ＣＥＯになりそうな五十人の女性」の一人として掲載されている。一日十二時間の勤務と家庭生活が両立できるのは、理解ある夫や家族の支えのおかげと彼女は言う。だが、彼女は犠牲も払っている。

バラッドが小学三年生の息子の保護者会に行くと、担任の教師に「あら、本当にお母さんがいたんですね!」と言われたそうだ。「とても気まずかったです。でも仕事と家庭を両立させたいなら妥協しなきゃ。優先順位も必要ですが、これは男性も同じでしょう。失うものは自分の時間。それでも、まず生活が優先ですからね」。[1]

バラッドのように優先順位に従う人は、まだ理解されづらいかもしれない。仕事を優先させると、あの教師のような発言が出てくる。女どうしの妬みや非難もあるだろう。わが道を歩むにしても、周囲からの重圧に対応せねばならない。

女性神話に対する反動

一九五〇年代に謳われた女性像への反動から「スーパーウーマン」が流行したのが一九八〇年代だ。恋も仕事も結婚も、出産・育児も実現可能とするライフスタイルだ。前の時代では女性が仕事で活躍できず、妊娠すれば産むしかなかった。自活できずに夫や子供頼みを余儀なくされた女たちは、「男の」社会に出られない分、家庭で力を振るった。

彼女たちの欲求不満は夫や息子、娘に向かい、家族に過度な期待をかけるようになった。「強い母」として夫や子供を支配し、おだて、操ろうとした。その横暴さをベティ・フリーダンは次のように書いている。

彼女は子供たちに指図し、頑固なまでに家庭の完璧さを保とうとした。それは女のマチズモ（男らしさ）である。彼女なりに精一杯、男に対抗しようとしていたのだ。その背景には女の経済力のなさ、世間での評価の低さや自己嫌悪が潜んでいる。当時は男が偉くて強い時代だ。彼女は力をもてあまし、家族の心も自分の心も操り、否定した。やさしい母の仮面の裏には「私が絶対に正しい」という強硬さが秘められていた。[2]

孤独や無力感が表現できず、彼女は夫や子供に怒鳴り散らし、やけ食いや飲酒、買い物で気を紛らわせた。娘は母親がこう言っているように感じた。「私と同じことはしちゃだめよ」「仕事を持ちなさい」「自分の人生を生きるのよ」「女は無力」「あなたも結婚して子供ができたら、わかるわ」。

娘は混乱した。母親は結婚と育児をして幸せではないのか。子が母の人生を壊すのか。女であることは、ひどいことなのか。母は女だから人生がめちゃくちゃになったのか。自らを肯定できない母親の姿を見ると、娘は「母のようになるまい」と思う。そうすれば完璧になれるかもしれない。フリーダンの文章はこう続く。

自己を蔑み、子供を愛せない母親は、娘の心に影を落とす。娘は女として生きることが疑問だらけになる。スーパーウーマンを目指して苦しむ女性にはそうした例が多いようだ。仕事も育児も完璧にこなそうとするのは、母親のようになりたくないからである。だから、男性なら目指さないような完璧さを求める。女のマチズモは母から娘に伝わる。男の心に潜むマチズモと同様、自己嫌悪や無力感が背景にある。[3]

母親を反面教師にした娘は男のようになろうとする。最初はうまくいくので喜ぶが、上に行くほどハードワークを要求される。女性らしい人間関係の構築や慈愛を発揮できる場は得にくくなる。いくら頑張っても「足りない」と感じるのは、そのせいだ。

ペグは四十代半ばの設計士。数々の工業用建物を手掛けて十二年になる。子供たちは十代で、協力的な夫もいる。仕事は楽しく、収入も高い。だが満足感が得られない。「精一杯努力しているのに、周囲に追いつけません。毎日残業して、顧客の開拓もして、アイデアや企画も積極的に出しますが、私が勝てない仕組みになっている。父はいくら残業しても平気でした。家のことは全部母にまかせっきりでしたからね。私はそうはいきません。今でも子供はほったらかしだし、夫婦の時間も持てないし。自分の時間？　何、それ、という感じですね。仕事と家庭を両立するなら、絶対に二人必要です。私は仕事も家庭も大好き。ただ、私の世話をしてくれる人がほしいですね」。

それはヒロインたちの父親が当然のように受け取っていたものだ。話を聞き、疲れた身体をマッサージし、努力を認めて感謝し、心の傷を癒し、愛してくれる人。つまり、ヒロインも女性らしいものとの接触を求めている。肩の力を抜き、あるがままの自分を受け入れてもらいたい欲求だ。ただ、旅のこの段階では、それをはっきり意識できず、何かを「失くした」という強い感覚だけがある。だから余計に活動的になって痛みを紛らわそうとする。

嘘の達人

社会に出たヒロインは、不満になると次のハードルに挑戦しようとする。学位や資格、さらに上のステイタス、引っ越しや恋愛、二人目や三人目の出産など、目標を定めて心の穴を埋めようとする。何かを達成する気分は最高だ。深い心の痛みを感じなくて済む。

常に予定を埋め続けると、失くしたものに気づけない。目の前の目標は全て達成しても、心とのつながりが切れているからだ。

母親に嫌気がさしたヒロインは、どんな男よりも自立せねばと感じる。誰にも頼らずに自分を鞭打ち、頼まれごとは全部引き受ける。本当はいたわられ、愛されたいが、その気持ちを否定する。内面はめちゃくちゃだ。心は歪んで横暴になり、休むことなど認めない。窮屈に感じるが、なぜそう感じるのか自分でわからない。

ジョイスは三十代半ばの大学教授。名門大学で英文学を教え、その道では有名だ。

夫婦揃って芸術に関心がある。夫も大学教授で、物静かで繊細な男性だ。夏の休暇はたっぷりあるので、何かを楽しむ余裕もある。だが、ジョイスはずっと疲れている。子供がほしいが、責任を考えると不安になる。彼女は何度も「嘘の達人」の夢を見て、自分の疲労の理由がわかり始めた。

「他の人より気力、体力がないのがいつも不思議でした。会議や講義、セミナーをする前はわくわくしますが、実行するのはしんどいなぁって、すぐに自分でブレーキをかけてしまうんです。たぶん『嘘の達人』のせいだと思います。

私は実年齢より大人っぽく見られるタイプ。子供の頃は父の話の聞き役で、母の理解者で、兄弟の世話役でした。正しい発言とは何かを心得ていました。大人びた優等生だったので、学校でも先生のお気に入りでした。

真面目だったので、遊んだ記憶はありません。本はたくさん読みました。母はいつも父に怒り、私がなだめ役でした。新聞記者の父は家を空けることが多かったので、私は母と兄弟の面倒を見て父を喜ばせようとしました。強くなれ、というのが父の望みです。本当は甘えたかったのですが、父の理想の娘を演じていました。

私は無理していろいろと背負い過ぎました。英雄になるプロセスを学ばず、英雄っぽい顔をしていただけ。大人になった今、やりたくないことを頼まれると疲れます。委員会や会議、執筆も、頼まれるとプレッシャーを感じます。子供の頃に自分らしくできなかったので、断れない状況に陥ると腹が立ちます。男性の同僚が『子供の頃は好き勝手できた』なんて話をすると、私は真っ赤になって怒ります」。

ジョイスの心はまだ父親に支配され、生きる力を掌握されたままだ。彼はジョイスの心の男性像となり、彼女の願いや欲求を否定し続ける。だから彼女は疲れるのだ。「嘘の達人」をやめるには、まず、否定的な父親像から解放されなければならない。

娘は自分の生き方が「父を喜ばせる生き方」なのだと気づくまで、父親に利用されていたことにも気づけない。心の中の父は喜ぶかもしれないが、それが自分自身の喜びと一致するとは限らない。それどころか、頑固に自分を批判し、自然な欲求や望みを完全に否定する心理が働くかもしれない。

ユングによると、女性が無意識に男性の真似をするか、男性性の面で劣等感がある限り、創造的なプロセスが実を結ばない。男性性とは自己の目標を認識し、達成に向けて行動する能力だ。男性性が「無意識」に隠れたままの時期は、意識できる目標しか目に入らない。自分なりの視点を探す精神の働きは疎かになる。[4]

「まだ足りない」という思い込み

無意識にある男性性に支配されると、満足感が得られなくなる。何かをやり遂げるとすぐ物足りなくなり、次の課題を必死で探す。今していることにも価値が感じられず、先のことばかり考える。心が満たせず不快になり、こう思う。「そうよ、もっと何かするべきよ。これだけじゃ、まだ足りない」。その声は、私が文章を書いていると「心理療法の面談が疎かになっているぞ」と囁き、面談をすれば「もっと原稿を書かなきゃだめじゃないか」と非難する。

簡単なエクササイズでこの声を黙らせることができる。一枚の紙を三つに区切り、最初の段にその日の行動を書く。「庭の草むしり」などだ。次の段に「満足」と書き、三段目に「これでじゅうぶん!」と書く。単純だが、一ヶ月ほど続けると、「何もできてないじゃやない」という焦りから解放される。

「まだ足りない」と感じる理由の一つは、時間と労力を他人に求められることだ。

育児中はこの傾向が強い。誰だって時間は貴重だし、体力と気力には限界がある。だが、ほとんどの人がそれを認めたがらず、なかなか断れない。私は来談者に断り方のカンニングペーパーを身近に置いておくよう勧めている。「頼んでくれてありがとう。少し考えさせて」「誘ってくれてありがとう。今の時点では行けないの」「私のことを考えてくれてありがとう。でも、ちょっと無理だわ」。相手の反応を恐れて承諾すれば、後で自分が苦しむだけだ。

ヒーローの物語は彼の人生前半、世界で自己を確立させるところまでを描く。外の世界で能力を試し、磨くことによって自己認識をする。意識的に選んだことは精神を培うプロセスにもなる。すると「個性が豊かになり、依存心に駆り立てられる度合いが減る」。[5] 自分で選び、行動することによって自信や自主性を高めるのだ。

自主性は女性にとっても大切なものだ。自主性を培うためには、まず思い込みを捨てねばならない場合もある。社会で報酬を得るために、自分の心を犠牲にしては元も子もない。

限界をわきまえることと、自分を肯定すること。それができればスーパーウーマン願望も手放せる。本心に従って仕事を辞めたり、特権を放棄する時が来るかもしれない。家事もほどほどにし、気軽に手伝いを頼めるようになるだろう。

心の中の大事なものに気づくには、人生の旅の仕方の誤りに気づかねばならない。「私は何もかも揃っているわけじゃない。でも、それでじゅうぶん」。勇気をもってそう認めれば、ヒロインの旅の宝が一つ手に入る。生きる力の源に手が届くようになる。現実的な感覚を得て、精神の目覚めを繊細に感じ取れるようになる。

Strong Women Can Say No

第五章

拒否する強さ

強い女はいきんでいる女
強い女は立っている女
ボリス・ゴドゥノフを歌いながら
つま先立ちでバーベルを持ち上げようとする女。
強い女は働く女
古い汚水槽を掃除中
ショベルですくいながらこう話す
泣くのは平気、涙腺の掃除ができる
吐くのも平気、胃の筋肉が強くなる
彼女は涙と鼻水を垂らし、汚水をすくい続ける

強い女は頭の中で何度も声を聞く女
だから言っただろう、不細工、悪い子、くそばばあ、ガミガミ女、うるさい女、
魔女、
偉そうなやつ、お前なんか誰も愛さない、

どうしてもっと女らしくしないんだ、なんでやさしくないんだ、
なんで静かにしないんだ、なんで死んでいないんだ？

強い女は決意の固い女
みんながやろうとしてやらないことをする女
彼女は鉛の棺桶の蓋を中から押し上げているところ
頭でマンホールの蓋を開けようとしているところ
鉄の壁を通り抜けようとしているところ
彼女の頭は痛む。穴が空くのを待つ人々は言う、
早く、あなたはとても強いから。

強い女は心で血を流している女
歯が抜けそうになり、背中をずきずきさせながら
毎朝自分を強くしている。
一人産むたびに抜ける歯一本と

昔の産婆はよく言った
今は一つ戦うたびに傷一つ。
強い女は傷だらけ
雨の日はそれらが痛む
叩けば血が出て夜中に記憶が蘇り
ブーツを履いて夜中に右往左往する。

強い女は愛を渇望する女
酸素がなければ真っ青になるように。
強い女は愛する女
泣きわめき、恐れ、強い欲求を持つ女。
強い女は言葉や行動、連帯、感情が強い。
石のように強くはないが、仔に乳をやる狼のように強い。
強さは彼女の中にないが、風が帆に当たれば強さを表す。

彼女をなぐさめるのは人々の愛
彼女に等しい強さと弱さで
それがあれば雲は稲妻を生む。
稲妻は貫く。
雨の中、雲は散る。
つながる水だけが残り、
私たちの中を流れていく。強さとは私たちが互いの間に作るもの。
みんなで一緒に強くなるまで、強い女とは強く恐れる女のことを指す。

——マージ・ピアシー『強い女たちへ』

裏切られた感覚

私は長年、二五歳から五八歳の女性たちから、仕事の報酬に比べて心身の負担があまりにも大きいという声を聞いてきた。自分の能力や地位に満足できても、その調子で働き続けられるかはわからないと言う。どうすればいいのだろうか。

主婦向けの雑誌広告に「家庭に戻る気持ちは捨てた」というのがあった。大半の女にとって、安心できる家庭などあり得なかったに違いない。確かに仕事に生きがいを見つけていただろうし、アメリカでは女性の収入も家計にとって必要だ。

単に仕事を辞めて家庭に入るのではなく、新しい選択肢が必要だ。現代女性は何かに裏切られたように感じている。「いったい、これは何のため？　なぜ、こんなにむなしいの？　私は目標を全部達成してきたのに、ただくたびれて、自分を偽って、自分の中の何かを失ったみたい」。

この「しっくりこない」感じは身体が発する最初の警告かもしれない。しつこい風邪、不眠や胃の不調、胸のしこり、生理不順などの症状も表れる。離婚や子供の巣立ち、身近な人の死などで何かに目覚める人もいる。そうした出来事がなく、唐突に「最近、なんだか変」とこぼす人もいるだろう。

そうした人たちは、ふと喪失感に気づいて驚く。それが孤独や絶望だとは認識できない。ただ、今まで体験したことのない感情だとわかる。「何度か『落ち込む』時はあったけど、乗り越えました。新しいプロジェクトがあれば、また前向きになれた。

でも、今の状態は何だか違います」と四六歳の企画職の女性は言った。「不正出血で病院に行きました。原因不明だが病気ではないそうです。でも、身体の中で、自分が泣いているような気がしてなりません」。女性が「血は出ていないけれど出血している感じ」と訴える時は、活力や潤いが感じられない時だ。

ある四三歳の看護師は薬物依存の母を持つ子供のケアをしている。「昔は母親どうしで助け合い、みんなで誕生会をして、悩みを話し合ったものでした。今はみんな仕事で忙しく、お茶を飲む時間もない。個人個人で動いている。私だって、女どうしで集まるのは職場だけです。しかも話題といったら人手不足や仕事の効率化のことばかり。女友達がほしい」。

彼女たちは自分の身体の中に、またコミュニティーの中に「家」のような居場所を求めている。若い頃から男性的な思考をし、職場に感情を持ち込まない生き方をしてきた。今では多くの企業がより女性的なリーダーシップを求めているが、それでもまだ女性的な部分の評価不足を感じる人は少なくない。

心の潤い不足を感じた人はこのように言い始める。「何かを手作りしたいな。縫い物なんて二十年間していません」「料理が好きだったのに、今は全然時間がなくて」

「裸足で走りたい」「骨が痛む感じ。疲れてはいませんが、今までにない感覚。自然とふれあっていないからかな」。

このように、なんとなく表現できる人はまだ幸いだ。精神がダウンして自分を責め、社会の「ストレスに耐えられない」人たちの問題は深刻だ。喪失感をごまかすために酒や麻薬に頼る例も多い。乳がんや子宮がんの発症をきっかけに、心身を酷使していたことに気づく人もいる。

干からびた魂

疲れた人は心の芯まで乾ききっている。「魂に養分も燃料も与えず希望を死なせたままにすると『心の中の火』が消える。過去のパターンは通用せず、新しい生き方も見えず、真っ暗で何も見えず、感じず、味も手触りもわからない。全てが無意味になり、自分が何者かもわからなくなる」と心理学者マーティ・グレンは述べている。

彼女は自身の体験をこう振り返る。「私は一連の夢を見るようになった。老女を入れた死体袋が坂道を運び下ろされる夢。私は大勢の人とワークショップに励んでいるが、岩陰で少女が泣いている夢。上司に車を停めてきてと頼まれ、それが私の仕事になる。それで駐車がうまくなる夢。次々と女性性の死が暗示されるようになった。女たちの頭蓋骨が割られる夢を見た夜もある」。[1]

心の中の少女は泣き、駐車係に格下げされた女は悲しむ。男の基準に人生を明け渡した女だ。このように、生き方を変える必要性に気づく時が来るだろう。成長過程で魂や心の一部を失ったかもしれない人たちだ。

そういう人は「なぜ?」と裏切られたように感じる。大人たちが自分に生き方を教えたのではなかったのか。「よい」娘になれば「父」が面倒をみてくれるのではなかったのか。なのに今、孤独で不愉快で、底が抜けたように感じる。世界観に亀裂が入り、宇宙卵の殻がひび割れる。ある女性はこう言っていた。「薄い殻が割れるような感じ。私はその、ほとんど見えないほど薄い殻に、ずっと覆われていた気がします。今、それが割れる音も聞こえます。とても怖いです」。

この世界は自分が思っていたものとは違う。みんな嘘だったのか——ヒロインは憤るが、やり直さなくては仕方ない。支配される生き方を返上し、自分で生き方を選ぶのだ。その一例がギリシャ悲劇のヒロイン、イピゲネイアである。

父の裏切り：イピゲネイア

イピゲネイアは父アガメムノンに裏切られた娘だ。この悲劇は映画化されており、私は三十代前半の頃にそれを見た。父を信じる娘が生贄にされる、なんとも痛ましい話である。イピゲネイアは自ら死を選び、女神の情けで助かるが、そこは映画に描かれていない。私は憤然として映画館を後にした。

時はトロイア戦争直前。アガメムノンと弟メネラオスは艦隊をアウリスに集めたが、海は死んだように凪いでいる。預言者カルカスは「これではトロイアにたどり着けない。娘を生贄にして女神アルテミスに捧げよ」と言った。アガメムノンは葛藤する。弟の妻はトロイアに囚われの身で、奪還目指して男たちは士気を上げていた。アガメムノンは男のプライドにかけても、娘を犠牲にせねばならない。

彼はイピゲネイアをアウリスに呼び寄せるために、武将アキレウスとの結婚話をでっち上げる。彼女は母クリテムネストラと共に喜んでやって来る。クリテムネストラは夫の嘘を見抜いて温情を乞うが、アガメムノンは聞こうとしない。彼女がアキレウスに嘆願すると、よい返事がもらえた。彼には既にデイダメイアという妻がいたし、自分もアガメムノンに騙されたことがあったのだ。だが手遅れで、生贄を求める群衆の声を覆すことはできなかった。

激怒し、涙する母娘にアガメムノンは「私は正気だ、子への愛を失くしてもいない。恐ろしいが、なさねばならぬ。生贄を出さねばトロイアに着けぬとカルカスは言う。ギリシャは敵を叩き潰さねばならぬ。パリスに捕らわれているヘレネを取り戻さねば、トロイアはギリシャに攻め入り、もっと多くの女を奪うだろう。ギリシャ人の妻たち、お前や我々の娘たちを。メネラオスのためではない。ヘレネ奪還だけではない。全てのギリシャ人のため、私の意思がどうあろうと、一人の悲しみに比べればギリシャの方がはるかに大きい。我々は祖国のために生き、祖国の自由を守るのだ」。[2]

クリテムネストラは一歩も引かず、「アキレウスは娘を守るために戦う気よ」と反論した。しかし、イピゲネイアは自ら生贄になろうと進み出る。

「私は死を選びます。私には名誉が大事。愛する祖国の自由のために、未来の祖国の女たちのために」。[3]

その時イピゲネイアの胸にナイフが落ちて刺さり、火がつけられた。それを哀れんだ女神アルテミスは彼女をさらい、代わりに雌鹿を置いた。強い西風が吹き、艦隊は進み出す。ギリシャとトロイアの両軍、何万もの青年たちが死闘を繰り広げた。

男たちの冒険心は凄惨の極みへと突き進んだ。そこに心の乾きを見たイピゲネイアは父への忠誠を失う。死の直前、彼女は女神アルテミスが表す女性原理によって救われる。

男性性が女性性を裏切る物語は数多いが、嘘の結婚話で娘を騙す父の話ほど心が痛むものはない。イピゲネイアは父の愛を得ようとして求めに応じるが、父に殺される。娘の英雄的な行為はトロイア滅亡につながる。ギリシャ戦士のプライドや傲慢さが悲劇的に表れている。

父を喜ばせるためなら娘は何でもしようとする。神に振り向いてもらおうとするようなものだ。偉そうで批判的な父でも、娘に対する権限を持つことに変わりない。その横暴さに気づけば、何もかも彼に従う必要はないと思えるようになる。長老派教会の牧師をしている友人は、男性上司との関係に父との共通点を見出した。

「二年ほど前から、今の職場環境はよくないと思い始めたわ。私が作ったプログラムが成功するたびに、関係ない事務仕事をどんどん振られたのよ。『どういうこと?・』

と不思議に思っていると、約束が何度も破られて、私は評価されていないんだとわかった。頼まれた仕事をしようと思えばできるけど、元々、それは私の役職とは関係ないこと。神に騙されたように感じて、自信もやる気もなくした。どんどん仕事が忙しくなって、家族との時間もなくなったしね。職場で計画していた支援グループ運営も、みんな時間がなくて、私が教会をやめる頃には立ち消えになっていた。以前は成長の糧だと思っていたものが、どうでもよくなった。私は成長して変わったから。

教会は男性社会。だから私個人だけでなく、女性牧師の問題も考えて、次の集会までに疑問点を持ち越さないようにしようと思った。話を聞いてくれない神父／父の問題を一年かけて考えて、やり尽くした気がした。頼まれた仕事は全部したけれど、やっぱりやりがいを感じない。悩んで病気になる前に辞表を出したの。私が始めたプログラムがちゃんと運営されているのを見届けてからね。でも、神に裏切られた気持ちはなかなか解決できなかった」。

神の裏切り

「父なる神」を信仰して育った娘の心理についてはキャロル・クライストも言及している。彼女は男性教授たちに認められようとして、ヘブライ語の聖書を研究し続けた。「神父を喜ばせる方法がわかれば気に入られると思っていました。女性が神父と対等になれるかなんて考えてもみなかった。神父のおかげで学問的に自信が持てたのは確かです。女性性の超越を想像して解放された部分もあります。だから、聖書の神も、性を超越した言語を使うはずだ、と。男性教授だって私と同じ人間だし、真摯に同じ宗教に取り組んでいるのだし、私も彼らのようになれると思っていたのです」。[4] 君は男性的な考え方をするねと言われて喜び、古いタイプの女たちを見下した。自分だけは特別だ、お気に入りの娘だと感じていたそうだ。

それは自分への裏切りだと彼女は気づいた。神父から女性の身体や生き方についてのヒントは得られない。女の立ち位置も、女どうしの絆も学べない。

大学院に進むと彼女は変わった。西海岸から東海岸へ、男女共学から男性ばかりの環境へ移ったのも一因だ。また、将来を現実的に考え始めた。「大学院で、初めて私は女として見られているのを意識しました。彼らの仲間に入れませんでした。それをきっかけに、娘が神父たちの家に入れるかを考え始めました」。[5] この時、彼女は「神父にも父親にも頼らず、人として女性として、また学者、教師として独自の価値観を持つべき」と気づいた。[6]

同じくカトリックの家庭で育ったポーランド系アメリカ人の女性も、四七歳になった今でも「神に似せた姿で作られた、愛される息子」になれないと感じている。「神はいつも男性の姿で描かれていますよね。だから、私にとって神は男性。だったら私は神のような男の仲間になれるわけがない、と感じます。私のストレスは仕事のしすぎが原因。というのも、女である自分を卑下しているから。『愛される息子』に追いつかなきゃと常に感じています」。

男性社会の娘たち

長い文化の歴史は男性的な価値観で作られてきた。生産重視で権力構造を明確にする。命を尊び、自然を守る意識は二の次である。「古代エジプトでもギリシャやローマでも男性が優位だった。中世、ルネッサンスも同様だ。美術史を振り返れば、みな男性の尺度が基準だったことがわかる。理想的なプロポーションも、叡智や正義、規則性や忍耐力の基準も男性主導で決められていた」。[7]

一九六〇年代頃から女性の社会進出が始まり、男女の意識はかなり変わった。だが、女性管理職がいる職場であっても、ほとんどの労働環境はいまだに男性的なモードで動いている。会社の利益優先で、社員の私生活は犠牲にされる。「いったい何のために働いているんだろう」と思っても、言い出せない雰囲気だ。一方、「もう、やめたしたいようにさせてもらいます」と、未知の世界に出て行く人もいる。

パムは三十代半ばのジャーナリスト。大手エンターテインメント業界誌の仕事を辞め、フリーのコラム執筆者に転身した。その方がストレスが少ないからだ。「会社を辞めたいと言うと上司は驚きました。私がどれだけ苦しんでいたか、全く気づいていなかったのです。そんな環境では心が病んでも当然ですよね。記者は中立的な態度で仕事にあたります。私の場合、仮面をかぶって生きているような感じになりました。硬派な記事を書くのも精神的につらかった。取材で話を無理やり聞き出すのも、策略的に発言を操作するのも好きではありませんでした。

第五章
拒否する強さ

「野獣たちの女王」

六年間、無理してきた皺寄せで、金銭感覚がめちゃくちゃになりました。失敗が怖くて何かせずにいられなくなるんです。人に認められるのが大事。私が選んだのはそういう業界でした。でも、文章やコメントを書くこと自体は好きです。去年、家でできるアルバイトをしていた時、心の中で『ここが私の居場所だ、ここにいたい』という声がしました。でも、そんなことは無理だと打ち消してしまった。

今年になって、もう今の職場では全てをやり尽くした気がしました。マネージャー、ライターとしてうまくいき、知名度や注目度も上がりました。でも幸せじゃない。職場が嫌いなのに、その気持ちを認めたくなかったんです。業界仲間に『彼女、疲れてるね』と言われたくなかった。

私は大手新聞の名物批評家のようなライターになりたいのか、考えました。なれるとしても、それで本当に幸せか。私は締切に追われるのは嫌い。自分で興味が持てることを書きたい。時間に追われなければ、自分の考えを面白く書くことができる。『収入や名声が減っても、好きなものを楽しく書いていきたい』と思って辞表を出しました。上司は『おかしいよ。自分のキャリアを捨てて逆戻りするのか』と言いました。それは私の心の声でもありました。ずっとその声と戦い、そのたびに従ってきたんです。

会社を辞めてからは仕事が楽しいです。昨夜もコラムを書いていて嬉しくなり、編集者に電話して朗読したぐらい。これまでは不特定の読者に褒められようとしてきたけれど、もうその必要はありません。自分でいいか悪いかがわかります」。

フリーライターへの転身が正しい決断だったか迷った時もあったが、半年後には目標の収入額に達することができた。題材の幅も広がった。こうした決断をするには勇気が必要だ。

拒否したらどうなるか

「上司の言う通りだわ。キャリアを捨てるのはもったいない」という心の声に打ち勝てば、複雑な感情も起きる。出世コースからの離脱は確かに無意味に感じるだろうし、人に「残念だ」と言われると思えば自分も惜しくなる。それでも自分の本心に従える人は強い。

去年の春、私もそれを体験した。近所のカフェで朝食を囲み、私は男性の同僚二人から話を聞いていた。「もし君が管理職を引き受けてくれたなら、ジャンヌ・ダルクのようになれる。高い理想に向かってみんなを統率し、出来の悪い職員たちをなぎ倒して輝かしい王座に就ける」と言っていた。それは男の世界の話だろう、と私は思い、黙って家に帰った。彼らが言うようにはならないことは明らかだった。私に管理職を与えても、実権は彼らが握ったままだろう。

昔、父の仕事の話を聞いていた時と似た感じだった。自分も偉くなった気になるが、ドラマに登場する役者ではなく、添え物でしかない。相手を喜ばせるために肯定し、聞き役に徹するだけだ。管理職のオファーをうっかり受ければ自分への裏切りになるかもしれない。いやな予感がした。「私はその仕事ができるだろうし、それなりにやりがいもありそうだが、私が力を注ぎたい方向とは違う。本を書く時間をようやく作ったのだから、本が書きたい」。私はオファーを断った。

残ったのは深い悲しみと自由だ。溶け込まず、期待に応えず、気の合う仲間と離れた悲しみ。だが、人の束縛から離れ、自分の心に忠実になれて嬉しかった。自分勝手で愚かだろうか？　私はそうは思わない。

ヒロインが何かを断るには、かなりの抵抗がある。挑戦しない人間は無責任な弱虫に見られるからだ。社会的に言えば、それは死と絶望に近い。出世する人とは多くのことを上手に早くこなす人だ。ほとんどの人はその逆の生き方が理解できず、ただ恐れる。

何かを「する」のやめるなら、ただ「いる」術を知ることだ。それは楽をすることではない。鍛錬が必要だ。自分の心の声を聞き、自分ではない誰かの命令をシャットアウトすることだ。新たな思考回路ができるまでテンションを保たねばならない。自分の声でないものはみな成長の邪魔だ。変化を否定し、逆戻りさせる。ただ「いる」には勇気と代償が必要である。

古い思考回路が完全に削除された時に、代償の支払いは終わる。たとえ社会の評価を失っても、したくないことは断らねばならない。すると大抵、寂しくなる。新しい生き方が確定するまで、心に空いた穴を癒さなくてはならない。

オファーを断った後、私は海辺の散歩を続けた。赤ん坊が足をばたばたさせる姿を心に描きながら。裸で陽光を浴び、喉を鳴らし、自由を満喫する姿を想像すると、ほっとした。

拒否すること：王様殺し

女がノーと言いにくいのは選ばれると嬉しいからだ。相手が権威者なら特に嬉しい。だから自分よりも父親や上司、同僚や恋人の反応が気になるが、自分の中の純粋な心はごまかせない。自分が楽しめないのは苦痛だ。得る物がなくてはならない。

相手を喜ばせるのをやめても、父親は「偉いぞ。さあ、お前の道を歩め」とはめったに言わない。大抵「どうして断るんだ」「がっかりさせるな」「途中で投げ出すのか」「大変だからって逃げるのか」などと言う。耳が痛い言葉だ。他人の評価に依存する人にとっては特につらい。

だが、弱ってつらい時こそ真の成長ができる。「他人の期待に応えるため、不安のために行動すると、生きている実感はさらに薄れる。役割を演じ続けると、集合的無意識にある混沌とした養分からどんどん遠ざかってしまうのだ。その混沌状態こそ、変化の時期に必要なものだ。混沌とした森をさまよい、出口を探すことで人は変わる」とジーン・シノダ・ボーレンは述べている。[8]

いやなことを断れば、心の中に、男性性と新たに向き合う余裕ができる。これまでのように偏った男性性ではなく、グレート・マザーにつながる創造的な男性性を見つければ、心の中の亀裂が修復できる。「女性の力と情熱は五千年前に地の底に追放された。その地底にある女神の精神へと下りていけるのだ」。[9]

私はこの章を書き始めて、そんな男性像が夢に出てくるようになった。私は彼を「キッチンマン」と呼んでいる。初めて見た時、キッチンの床を掃いていたからだ。彼は大きな熊のような体格で、やさしい。執筆の節目で何度か彼のガイダンスを求めた。彼は私を守り、私のペースに合わせて進んでくれる。彼に来てもらうたびに私は驚き、元気づけられた。こんな男性がいるとは思ってもみなかったし、その彼がグレート・マザーに引き合わせてくれたのだから驚いた。彼の導きで海に潜った時に書いた文章を挙げておこう。

今日は中間あたりにいる感じ。水圧で耳がつんとして聞こえない。もっと深く潜るべきなのか、水中ではこうなるものなのか。後先を考えず、今に意識を集中しよう。未知の境地に入ろうとしているのだから。深く潜らなくてはならない。私の言葉が他人のものに包まれているのがわかる。それは私の言葉だ。解放したい。何だろう？

私たちは海底に着く。温かい水の中で女たちが漂っている。私たちはみな海のリズムに揺られている。広くて愛を感じる。海藻の聖堂ごしに見上げると、ここにずっといたくなる。母鯨が水の中で仔と息をしているのが聞こえる。

キッチンマンと私は大きな哺乳類の方へと泳ぐ。毛虫のように横たわった母鯨にはたくさんの乳房がある（エフェソスのディアナのように）。乳首を吸うと乳ではなく水が出る。びっくりするが、滋養がある。母鯨はにっこりするが、平気な様子だ。私は彼女への愛を感じず、彼女からの愛も感じない。だが存在感がある。ただそこにいる感じだ。不愛想だが、そこにいる。キッチンマンにそう言うと、彼はこう言う。

「これは君と君のお母さんとの関係とは違う。彼女はグレート・マザーだからね」。

The Initiation And Descent To The Goddess

第六章

通過儀礼と女神への下降

たぶんあなたはまだここに潜んでいるはずだと彼らは言う
地の底深く、あるいはどこかの聖なる山だと
あなたは男たちの間を（いまだに）歩く、
空に、砂に警句を書き、手を振って何度も警告する
私たちはお産のためにそわそわと、だが慌てずに身体を丸める
気をつけて。あなたがたは杯の間を歩き、
水晶から出てきて、暗い瞳の聖なる光に癒される。
彼らが言うには
あなたがジャングルで緑の顔を表し
雪の中では青色の服を着て
鳥に付き添い、死者の上で踊り、私たちの疲れを優しく歌い、
罵り、腕に包み、あなたはまだここに潜み、
洞窟でつぶやき、警告する、警告して手を振る
私たちの希望の歪みを、星たちの中にある悪に対して手をつなぐ
ああ、雨は私たちに毒を降り注ぎ

酸は全てを食い尽くし
悪夢から目覚める子供のように私たちを起こし
誰かもわからない破壊者たちに違反切符を切るだろう
肉体を壊す物質の上を
沼に向かって歩く金属の男たちに

——ダイアン・ディ・プリマ『母たちへの祈り』

女性の通過儀礼

心の深層と向き合うことを「冥界下り」、「魂の闇夜」、「鯨の腹」、「闇の女神との出会い」などと呼ぶ。表面上は鬱や落ち込みに見えることもある。人生観が覆されるほどの出来事が引き金になることが多い。身近な人の死。娘や母、恋人や妻などの役目が終わる時。大病や事故、自信喪失、転居、大学中退、依存症治療、失恋などもそうだ。

冥界下りは迷いと悲しみ、孤独と幻滅、怒りと絶望に満ちている。身ぐるみ剥がされて放り出され、内から外へひっくり返されたかのように感じる。私は離婚協議の期間に子宮頚部高度異形成の治療が重なった時、そう感じた。アーティストとして自信喪失した時もそうだ。そのたびに自分の真実や聞きたくない言葉と向き合わねばならなかった。変化に鍛えられ、浄化された気がする。

冥界には時間の観念がない。だから急げない。朝晩の区別もなく、ただ容赦ない闇に包まれる。湿って冷たく、骨まで凍えそうな感じだ。早く抜け出すコツはない。泣くのをやめれば静寂に支配されるだけである。しんとした闇の中、裸で死者の骨を踏んで歩く。

冥界下り中の人は悲しげで近寄りがたい。理由もなく涙を流す。泣いていなくても涙が出る。何をしても気が晴れず、ただ捨てられたように感じる。忘れっぽくなり、付き合いを避ける。部屋に閉じこもり、ソファの上で丸くなる。地面に穴を掘ったり、森を歩いたりする。泥と木々だけが友達だ。家族や友人から離れ、存在が消えたようになる。

私が数年前にカリフォルニアの大学で講義中、「自分から進んで孤独を選ぶ」と言った瞬間、後ろの席にいた女性がふいに手を上げ、こう言った。「自分から孤独を選ぶ? 私は九ヶ月間、それをしていたんだわ!」。

四十代後半の女性だった。みんなが振り返ると彼女はゆっくり立ち上がり、話し始めた。「私は大きなデザイン会社のオーナー兼幹部役員で、毎年二十万ドル投資していました。でも、ある日出社すると自分が誰だかわからなくなっていた。鏡を見てもわからない。取り乱して家に帰り、会社へは二度と行きませんでした。

一ヶ月ずっと寝室にこもりました。そんなことは初めてで、夫も息子たちも驚きました。服を着替える気力もなく、買い物も料理も洗濯もできない。先生がおっしゃる孤独の時期だったんですね」。何人かの女性がうなずいた。

「今は庭いじりをしています。ガーデニングなんてしたことなかったけれど、それだけはできるんです。土を触るのが好き。家族は心配して精神科に行ったらどうかと言います。明るくなって仕事に復帰できたらいいねって。収入が途絶えるのが不安なんでしょう。でも、私には彼らの声さえ耳に入りません。ただ土を触って、自分に帰る道を探しています」。

それは冥界下りを経験した誰もが知ることだった。男は光へ上昇しようとするが、女は内面の底に下りて自分に立ち返ろうとする。「土に触れて帰り道を探す」という表現は女の通過儀礼のプロセスに当てはまる。女のスピリチュアルな体験は自己の深部に入ることで起きる。

この孤独の時期に「男の世界」から抜け出すべきだと言う人は多い。芸術家で心理療法家のパトリシア・レイズは次のように述べている。

構造破壊、死、内面の種まき、結実から再生までに四年かかった。「男の世界」である社会から完全撤退する必要があったのだ。いわば第二の誕生をするために、自分から意識的に離れなくてはならなかった。女としての基盤をたぐり寄せ、創造するにはどうすべきかを考えて実行する他なかったと思う。[1]

母を拒絶した時に叩き割った鏡のかけらを探す作業だ。頭で考えることをやめ、自分の身体や感情、性、直感、イメージ、価値観、マインドを意識する。そんな体験のない人が大半だろう。

冥界下りの不安について書くのは、私がその過程を尊重し、重要視しているからだ。

この魂の神聖なる旅は、周囲の人たちに鬱病だと誤解されやすい。落ち込んでいる人がいると居心地が悪いから、服薬で早く治せと言いたくなるのだ。だが、冥界下りが自分探しに必要なプロセスだとわかれば、酒や麻薬や虐待に依存する人も減るだろう。堂々と自分の感情と向き合い、痛みを晒してよいと思えるようになる。

冥界下りの時期は無防備になる。自分の怒りに圧倒されるかもしれない。自分が誰かわからなくなり、役割は機能しなくなり、不安になる。荒涼とした、女でなくなった感じや体内を掻き回されるような痛み。地上の暮らしは続いていても、心はずっと闇の中にある。

闇の女神といえば古代シュメールのエレシュキガルだ。妹は天地の女神イナンナである。エレシュキガルは妹の身体を釘に吊るし、腐らせて殺した。人は闇の女神を恐れる。自分の中のエレシュキガルが何をするかわからないからだ。「すり減らされて粉々にされ、呑まれて吐き出される。そうして本来の自分に近づけるのはわかるけど、怖いし、気力を消耗しそう」。

誰もが冥界下りを避けようとするが、いつか必要に迫られる。華々しさはないが強くなれるし、自分のことがよくわかる。現代人も夢で闇の女神を見ることがある。ヒンズー教の女神カーリーのような存在だ。男の神々に力と栄光を奪われて激怒した女神である。

そのような女神はカーリーの他にも多い。旧約聖書の神ヤハウェはシュメールやバビロニアの女神ナナやニンフルサグ、マミの魔術をまね、土から子供たちを作り出した。[2]「ヒンズー教では世界の始まりは血の海だったと言われる。この海は創造の女神カーリー・マーヤーのエッセンスだった」。[3] エジプトでは「最も古い者」イシスがそれに当たる。時の始まりから存在しており、「万物を生んだ女神である」。[4] 豊穣をもたらす創造主の女神はキリスト教に排斥された。女神に代わり、父なる神が創造主となり、その息子が救い主となった。[5]

失われた自分のかけらを求めて

彼女に会う準備をする
何を言うべきかわからないまま
彼女を裏切ったのは男たちだけじゃない

私もまた彼女を裏切ったことがある
私はずっと父の娘で
母を拒絶した
闇に下りるのをいつも恐れている
もしかしたら失くすかもしれない
意識を
失くすかもしれない
私の声を
私のビジョンを
私のバランスを

どれだけのものが私のものなのか?
私の言葉は他人の言葉に包まれている
私の発想は他人の作品から派生している

私とは何？

私は自分のかけらを探す。彼女に会う前に見つけねばならない。「父の娘」は何を失くしたのだろう。父に気に入られようとして真実を失った。醜いものやクレイジーなもの、否定されたり消えたりしたものを拒絶し、全体が見えなくなった。見えなくなった母親たちの頭がそこらじゅうにある――私の頭、前の夫の頭、母の親友たちの頭。何が言いたいのだろう？「引き上げて身体に戻して、ちゃんと埋葬して。泥の中に放り出されたままよ。自分では動けない。見えないの」。

「闇を取り戻せ」と死者たちはささやく。

他に埋まっているものは？　夢を見る力――私の夢、私の空想。私の想像は泥の中のどこかに撒かれている。私が集めたおとぎ話や木の上の小屋、空想の生き物たちは、私が取り戻すべき「私の一部」だ。それらは私のものだと訴える。無限の可能性を取り戻し、思い描いたものを取り戻す。かつて、それは素晴らしいものだった。私は庭のバラをよく見たものだ。今だって、できる。命が脈動して匂いを放ち、音を立てるのがわかる。沼は前から知っている。守られている感じがした。沼や森は私の母だ。

私は木々とつながり、泥や草、葉とつながりを感じる。けっして孤独ではない。つながりを取り戻そう。それは深いところにある。

私は地層の下に潜る。泥の中にたくさんの骨がある——白く美しい骨が。私は自分の腕や脇腹の骨を抱く。骨は枠組みだ。失った自分の一部を求めて深く掘っていく。深い悲しみを感じる。どこへ行ってしまったのだろうか?

骨を拾い上げると、海底の下から母なる女神がちらりと見える。女神は娘を抱く。意外に怒っておらず、年寄りでもなく、醜くもなく、栗色の髪の若い女性だ。彼女は穏やかに抱く。座って耳を傾け、守る。鈴のような声で笑い、歌う。

私はそこにまだ着いていない。もっと下へ連れて行ってとガイドに頼む。

彼は私をさらなる深みへ連れて行く。これまで行ったことがないほどの深みへ。溺れるのではないかと思うと怖い。沼よりも深く潜ると私は水を掻き、飲み込む。彼は私の手をとり、怖がらないでと言う。彼に連れられて洞窟に入る。そこには巨大な鯨のような生き物が、小人たちが組んだ足場の中にいる。

彼らは鯨を押さえつけている。

鯨には尻尾を動かす余地があり、優雅に力強いリズムで尻尾を前後に振っている。

だが、他の部分は水中に固定された柵に押さえつけられている。鯨は深い悲しみを感じているようだ。ガイドに近くまで案内されると、私は鯨の存在感に怯える。

「助けてくれるよね」と鯨は言う。私は後ずさる。

「いいえ、できないわ」。

「できる」と鯨は声を轟かせる。

「あなたがいれば、彼らは私を押さえられない。娘たちがみんな自分の意志で来てくれたら私は自由になれる」。

鯨が言うと足場は崩れ落ちる。柵は幻だったのだ。鯨は背を丸めると、尻尾で海底を波打たせた。鯨と一緒に私たちも泳ぐ。鯨はもう、むくんだグロテスクな体型には見えない。優雅で自由だ。人魚のように泳ぐ……

小人たちは鯨が去ったことに気づかずに柵を作り続ける。私たちが洞窟を出ると水が変わる。温かい乳白色の水だ。鯨が止まって振り向くと、長く美しい金髪が揺らめいた。

「来れば娘たちは癒されるし、私を束縛から解放してくれる」と鯨は言う。彼女は魚の尾を持ったアフロディテ・マリ、海の母だ。神々を生んだ偉大な魚である。

もう私は怖くない。多くの女たちのように、この海底の女も枷をかけられて閉じ込められ、表現を否定された時にだけ恐ろしい顔になる。自由になれば、あらゆる生き物が彼女のところにやってくる。私たちは彼女にリフレッシュされる。女も男も鯨の見つけ方を覚えておくべきだ。

母／娘の謎

娘の喪失と、母の喪失は女が必ず体験する悲劇だ。

――アドリエンヌ・リッチ『女から生まれる』

私はデメテルとペルセポネ、ヘカテの神話に影響を受けてきた。愛を求めた青春時代も、懸命に子供たちを守った育児の時期も、人生経験を重ねた中年期にも。バーバラ・ウォーカーはデメテルについてこう書いている。

ギリシャ語でメテルは「母」。デはデルタ、三角形。ギリシャの神聖なアルファベットで「ヴァルヴァ（外陰部）の文字」、女性器のサインだ。インドではヨニ・ヤントラ、あるいはヴァルヴァのヤントラと呼ばれる。よってデメテルとはアジアで言う「女性性への神秘の扉であり、天と地が割れたルーツ」だ。デメテル信仰初期の中心地ミュケナイには三角形の扉が付いた地下墓地があった。短い通路の先に円形のドームがあり、女神の子宮を表している。

インド・ヨーロッパ最古の女神がみなそうであるように、デメテルも乙女、母、老婆あるいは創造者、保護者、破壊者の三つの顔を持つ。デメテルは処女コレ、「娘」とも呼ばれる。娘が連れ去られる神話は女神の中の母と娘を切り分けることを示す。母としてのデメテルはいろいろな名や称号で呼ばれる。デスポイナ、「女主人」、ダエイラ、「女神」、麦の母、大地と海の賢者、プルートー、「豊穣」などだ。老婆としてのデメテルは破壊者ペルセポネだが、神話の中では後に処女となる。よって、冥界にさらわれる乙女をコレともペルセポネとも呼ぶのである。[6]

デメテル崇拝は紀元前一三世紀時点でミュケナイで確立されており、約二千年ギリシャ全土で続いた。その後太陽神ミトラス崇拝が取って代わり、後にキリスト教が広まった。ギリシャ最大の神殿の一つ、デメテルの神殿があるエレウシスは秘教の中心地だった。中世になってもエレウシスでは「女神」デメテルが農民に崇拝され、一九世紀に「大地と海の女神」と称されるまで信仰された。[7]

初期のキリスト教徒はエレウシスの儀式に猛反対した。「復活と救済」の儀式が明らかに性的だったからだ。アステリウスは「エレウシスとは闇へ下りる場であり、教皇と女司祭が二人きりで神聖なる性の交わりをする場ではないか？　松明の灯が消され、闇の中でなされる行為に救いがあると信じたから無数の民衆が集うのではないか」と言っている。[8]

人は暗闇の中で生まれ変わる。

エレウシスの秘儀の元はホメロスの『デメテル讃歌』[9]にある。冥界の神ハデスに娘を誘拐されたデメテルの物語だ。

乙女ペルセポネは母のない乙女アルテミス、アテナたちと花を摘んでいた。美しい水仙に手を伸ばすと大地が割れ、地底からハデスが飛び出した。彼はペルセポネをつかみ、黒馬が引く黄金の馬車に乗せると地底に連れ去った。乙女は父ゼウスに助けを求めて叫ぶが届かない。暗い月と四つ辻の女神ヘカテはこの叫びを聞いていた。

母デメテルも異変に気づいて走り出た。松明を手に九日九晩、陸と海を探し回った。寝食を忘れ、身づくろいもせず、狂ったように歩き続ける。女が失くしたものを探す時はデメテルのようになるだろう。我が子や恋人との別離、母親の死などを体験した時だ。

十日目の朝にヘカテが現れ、「叫び声だけは聞いた」とデメテルに告げた。二人で太陽神ヘリオスを訪ねると、ペルセポネは無理やり冥界のハデスの妻にさせられたと知らされる。しかも、その件はすでにハデスの兄ゼウスによって制裁が済んでおり、あきらめて事実を受け入れろと告げられる。

デメテルは激怒した。夫でもあるゼウスに裏切られたからだ。彼女は老女に変装してオリュムポスの神殿を去り、町や田舎をさまよった。この間、大地は枯れて植物は育たなかった。エレウシスに着くと疲れて井戸端に座り、また泣いた。デメテルの優雅な佇まいに目を留めた王の娘たちは、家に招いて母メタニラに引き合わせた。デメテルは、生まれたばかりの王子デモポンの乳母として雇われた。

デメテルは赤子に秘薬を与え、こっそり火の中に寝かせて不死の力を授けようとした。ある晩、それを見たメタニラは驚愕して叫んだ。怒ったデメテルは立ち上がって正体を見せた。豊かな金髪が肩におち、あたりに光と芳香が満ちた。デメテルは自分の真の姿を思い出した。

デメテルは自分の神殿を建てるよう命じ、ペルセポネを思ってまた座り込んだ。穀物の女神デメテルが嘆く間は何も実らない。世を飢饉が襲い、神も女神も供物や生贄が得られず、事態はついにゼウスが知るところとなる。彼は女使者イリスを派遣し、デメテルに戻るよう頼んだ。デメテルがそれを断ると、神々がこぞって贈り物を手に訪れた。その度に彼女は「ペルセポネが戻るまで作物を実らせない」と言った。

ゼウスは伝令ヘルメスを冥界に送り、ハデスにペルセポネを帰すよう伝えた。ハデスは応じたが、ペルセポネはうっかり冥界のザクロの種を食べてしまった。

ヘルメスがペルセポネを連れ戻すとデメテルは大喜びした。ペルセポネも母の腕に飛び込み、固く抱き合った。デメテルは「冥界で何か食べたか」と尋ねた。ペルセポネは母に会えた嬉しさで、「いいえ、何も」と答えた。

だが、種を食べたペルセポネは「一年の三分の一」は冥界に戻って過ごさねばならなかった。その間、大地は冬枯れになった。それが終わるとまた母娘は地上で暮らし、作物が実った。母娘が再会した時、ヘカテがペルセポネに何度もキスをして「立派な同志」と呼んだ。春爛漫となり、デメテルは大地の実りと成長を回復させた。[10]

この神話から読み取れるのは、処女/乙女が母と別れ、老婆と出会って再生することだ。ペルセポネは処女/乙女、デメテルはグレート・マザー、ヘカテは老婆。日常生活から引き離されたペルセポネは純粋さ（無意識）を離れ、ハデスによって意識の深層に連行される。性の手引きをされ、自らをハデスに与えて妻になり、自己の一体性、乙女らしさや処女性を失う。「処女性の本質」とエスター・ハーディングが呼ぶものだ。ペルセポネは冥界の女王になるが、「女は象徴的な意味での強姦によって何かを達成する。抵抗できない力に支配されるのだ」。[11]

無邪気な娘ペルセポネは強制的に魂の奥底に引き込まれる。それは女がみな体験することだ。戸惑って落ち込み、どん底で新しい自意識を見出す。落ち込みが突破口につながるのだ。「エレウシスの秘儀でハデスの花嫁ペルセポネが人生で最も恐ろしい瞬間を迎える時、それを見た人々は深い洞察を得る」。[12]

新しい自意識が芽生えたペルセポネは地上に戻る気を失う。だからザクロの種を食べるのだろう。「ハデスの食べ物を食べ、暗闇の種を取り込んだ彼女は新しい人格が生めるようになる。彼女の母ができるように」。[13] 今度はペルセポネが母になり、いずれ失うであろう娘を持ち、生まれ変わる。「母の中に娘、娘の中に母――女は振り返ると母、前を向くと娘がいる」。[14]

娘を奪われたデメテルは打ちひしがれ、九日九晩眠らず、飲まず食わずだ（九は妊娠期間を象徴する）。娘の喪失は若さと無邪気さの喪失でもある。それは視点を変える時だ。自分の外に向けていた目を内面に向け、旅をする。それが人生後半の作業だ。

穀物の女神

私も娘へザーが遠くの大学に進学した時、デメテルの悲しみを味わった。家はがらんとして寂しく、母である自分が死んだように感じた。この気持ちはヘカテのように謎めいている。ヘカテは「暗い月の女神。闇の中で姿は見えない。理性を超えた巫女的な直感の女神」だ。[15] なぜ、あれほど苦悩したのかわからないでいた。子供が巣立つ寂しさは二年前に息子ブレンダンで経験済みだったが、娘の時は何かが違い、強い感情があった。普通に仕事はしていたが二ヶ月間眠れず、空っぽの娘の部屋を見る度に泣いた。戻ってきてほしかった。前と同じように共に歌い、冗談を言い、その日の出来事を話したかった。からかわれたことさえ恋しいと思った。

ヘレン・ルークは母／息子と母／娘は大きく異なると述べている。「母親は象徴的な心の変化を体験する。息子は母に旅のイメージを与えるが、娘は母の延長線のようなものだ。巣立つ娘は母の若さと過去を背負って羽ばたく」。[16] 悲しみから立ち直る前に、私は血も凍るような死を感じた。

私は登山隊に置き去りにされる夢を見た。山頂の洞窟に着いた頃はもう夜で、吹雪になる前に下山せねばならなかった。私は怪我をして動けない。隊長は私に手袋を置いて去った。

翌朝、夢の意味を考えた。夢で見た洞窟を思い出す。そこにある学びは何だろう。私は次のように書いている。

「洞窟には儀式の道具がある。ナイフと鳥の巣、三つの石、武器の鞘、水筒と食料。私は携帯用の毛布の上に座っている。右の腿を怪我してズボンに血が染みている。外は寒くて怖いが、どこか安らかな気持ち。火がおこせる。干し肉を食べる。

三日間は過ごせそうだ。そのうち助けが来るだろう。隊長は友達だから。だが、ひどく怖い。鳥の巣を見つける。こんな高い山では珍しい。壊れそうな巣だ。私の内面もこんなふうに脆いが、外側は強い戦士だ。

道具はある男の子のものだ。私も森で過ごした少女時代、似たようなものを持っていた。今の孤独はヘザーとブレンダンという仲間ができる前に感じた寂寥だ。彼らは人生の友。だが、もういない。遊び仲間はおらず、私は空っぽの巣に戻る。

一人でいたくない。もう洞窟は嫌だ。子供たちを、自分の若さを、仲間を取り戻したい。だが昔と今は違う。前に進まねば。洞窟を出て山を下らねば。それが人生の下り坂だとしても。

母になると人生の大部分が決まる。その役割がなくなると心に大きな穴が空く。母になることが成長の旅だったとは意外だ。母になる前は、私が自分の母親に反応する側だった。父や教会、学校、職場で認められようとしながら、母の苛立ちや怒りに反応した」。

「まるで裸でいるみたい」と私は書いている。「もう完璧な母のふりはしない。『完璧な』セラピストや作家、芸術家になろうとする気力も熱意もない。普通の人になりたい。ただ静かに内面の旅をしていたい。私にはナイフと水、三つの石、鳥の巣、食料と毛布がある。生きられる。親や子供、パートナーに頼らなくていい。自分の魂が表現できる」。

この喪失感を乗り越えるには法外な時間を要した。デメテルと同じ悲嘆の真っ只中にいて、それに気づかなかったのだ。夢を見て少し経った後、ヘザーがハロウィンの週末に帰ってきた。彼女も家が恋しかったのだ。心を許せる友達もまだできていないという。私は展覧会向けの作品制作を依頼されていた。『パンの箱より小さい』という題で、各出品者が配布された箱を使って作品を作る。ヘザーに手伝ってもらって色を塗り、いろいろな絵を描いた。私はふと思い立って穀物の女神を描いた。ヘザーは「どうしてそれを?」と言って涙をこぼした。口をついて「悲しかったからよ」と言うと、私の目にも涙があふれた。

自らをデメテルとペルセポネに重ねて描き、やっと穀物の女神の意味がわかったように思う。その後も夢を見たり本を書いたりしたが、暮らしはやっぱり味気なかった。だが、夜にぐっすり眠れるようになった。「人格が大きく変われば態度も変わる。だが、無意識の価値に気づくまでは心の中も外も乾ききり、生活は精彩を奪われる」。[17]

私はやっと別離の悲しみから抜け出した。娘は心の中にいる。それを探すことが今後の課題だと思えるようになった。

イナンナの冥界下り

偉大なる地上の女王イナンナは地の最も深いところに行こうと決めた。天に背を向け彼女は下りた。「危なくはありませんか?」と後ろで声がした。「もし戻らなかったら神々を訪ねなさい」とイナンナが言った時にはもう最初の門に着いていた。「私の葬儀に行くのです」と門番に説明すると砂岩の柵が開いた。さらに下り――泥をくぐり抜けると金の耳飾りが奪われた。花崗岩を通って下りていくと腕が出てきて胸から肌着を奪った。炎をくぐると髪が焼き切られた。鉄の地層が終着点かと思ったら肋骨が奪われ、さらに深く下りていく。投げ込まれるように無に落ちると血が奪われた。どんどん吸い取られ、ついに偉大な冥界の女王エレシュキガルが目と鼻の先に現れた。ぞっとさせるような無慈悲な目つきだ。髑髏の目でイナンナの肉体をむさぼり食っていく。イナンナは奈落の底に落ちた。

——ジャニーン・カナン『Her Magnificent Body（彼女の偉大な身体）』より

『イナンナの冥界下り』

心の中の娘を探すなら掘り起こさねばならない。他人に見せる顔を作る前に、真実の自分を取り戻すために。シルヴィア・ペレラも名著『神話に見る女性のイニシエーション』（創元社、山中康裕訳）で女が古い自分を死なせて復活することを、イナンナとエレシュキガルの詩を用いて説いている。[18]

イナンナは古代シュメールの天と地の女神だ。姉の夫グガルアンナの葬儀を見るために冥界を訪れる。

イナンナは天地を離れる前、忠実な従者ニンシュブルに「もし三日経っても戻らなかったら父神エンリル、ナンナ、エンキに助けを求めよ」とことづける。そして冥界への最初の門で止められ、名を尋ねられる。門番ネティは冥界の女王エレシュキガルに妹イナンナの入場許可を求めた。エレシュキガルは「二度と戻れない地」を見物に来るとは、と腿を叩いて怒り、唇を噛み、死者と同じに扱えと命じる。イナンナは女王の衣装を脱いで丸裸にならねばならない。

言われる通り、門番は七つの門で豪華な衣装を奪う。エレシュキガルは死の眼差しでイナンナを睨むと怒りの言葉を叫んでイナンナを殺し、死体を扉の釘に吊るした。一方、地上では三日が経った。従者ニンシュブルは嘆きながら太鼓を打ち、神々の家を訪ね歩いた。空と地の最高神エンリル、月の神でイナンナの父ナンナは頼みを断った。水と叡智の神エンキが従者の嘆願に応えた。

彼は爪の垢から二人の小さな人を作った。男女の性別がない二人に食物と水を与え、冥界でエレシュキガルと共に泣くよう命じた。二人は冥界に侵入してその通りにした。夫を亡くし、痛む腹を抱えて唸るエレシュキガルに寄り添い、慰めたのである。感謝したエレシュキガルは願い事を聞いてやろうと言った。二人はイナンナの死体をもらい、生命の水と食物を振りかけた。イナンナは生き返ったが、冥界に身代わりをよこせと言われる。イナンナが七つの門をくぐって衣装を取り戻すと、生贄を求めて悪魔がしがみついてきた。

神話の終盤は身代わり探しだ。イナンナの玉座に平気で座っていた夫ドゥムジが選ばれる。

イナンナは母を超越して完全性を得る。元々は豊穣の女神であり朝と宵の星の女神、戦争の女神、性愛と癒し、感情と歌の女神だが、冥界へと越境するタブーを犯す。七つの門で身分や自分を表すものを捨てるのは「それまでの幻想を捨てることだ。地上では通用しても、冥界では何の意味もない偽りの自己を捨てることである」。[19]

エレシュキガルは神々に強姦されて冥界に送られた経緯がある。自然や身体もそのような扱いを受けている。彼女は地下に葬られた女性性のある面を表しているのだ。憤怒と強欲、喪失の恐怖。粗野で荒々しい性のエネルギーでもあり、無意識から分離した女の力だ。この直感的で本能的な性質は馬鹿にされ、無視されることが多い。『表現前』の陣痛の中で動かずにいる、新しい生命が宿る場所」である。[20]

私はエレシュキガルに畏敬の念を感じる。無駄なものを削り取り、私のエッセンス、自己の真髄を剥き出しにしてくれるから。無慈悲で破壊的だが変化をくれる。それは「腐敗や妊娠と似ている。受け身であり、本人の意思に反して侵襲的に起きる。残忍に飲み込んで壊し、腹の中で温めて生み出す」。[21]

死も生命も彼女の中でまどろんでいる。一度壊して修復すべきものがそこにある。彼女に会うことは自分の闇の顔を見ることだ。地上の父を仰ぎ、闇に隠した怒りの顔を。その顔の存在を「憂鬱の中にある、熱く溶けた鉄の玉。私の胸が食い尽くされるような感じ」と表現する人もいた。

エレシュキガルは深みとつながる女を象徴する。彼女は敬意を求める。私たちが目をそらしているものを見つめ、死の眼で私たちを睨む。私たちが失くしたものを見ろと迫る。

激怒した彼女は全ての生命を停滞させる。ある女性は、母親が自分を見透かすような「邪悪な目」をすると言っていた。「母は怒ると憎しみがこもった目で睨み、一週間ほど口をきいてくれません。まるでブラックホールみたいでした。私は無視され、あたかも自分が死んだかのように感じました。完全に母を失ったと感じ、人生が終わった気がしました。やめてと頼んでも聞いてもらえませんでした」。

エレシュキガルはイナンナを釘に突き刺し、「全てを受容する女の空虚さを、女の陽の力で」満たす。男や子供に頼らず独立した個人になれるように、完全性を与える。[22] 完全性のある個人になれば、自分でイエス・ノーが言える。それに加え、愛想笑いや我慢をやめると他人からは性格が悪い女だと思われる。だとしても、女が完全になるには自分のダーク・マザーとつながらねばならない。

ダーク・マザーとの出会い

冥界下りは内省の時期だ。自分で自分を妊娠するようだとも言える。自分でないものを削り取り、言葉を発する前の自分に戻らねばならない。苦しくて、時間がかかる。虚無感に襲われることもある。捨て子のような気持ちになるかもしれない。デメテルやイナンナは何も作り出さない。男でもなく女でもなく、丸裸のような状態で荒野にいる。夢にトンネルや地下鉄、子宮や墓が出てくる。あるいは蛇に呑まれたり、旧約聖書のヨナのように鯨の腹の中にいる夢。冥界下りを成長の糧にするには、闇で迷ってはならない。

地下鉄でダーク・マザーに会う夢を見た人がいた。「五歳の娘マラヤと下の子と、夫と一緒に地下鉄に乗っています。駅で降りようとするとマラヤの帽子が吹き飛ばされ、マラヤは走って取りに行こうとします。私は後を追い、娘を見失います。線路の向こうで子供たちが何かを追いかけているので、大丈夫だろうと感じます。帽子は線路には落ちていない。私は急いで車内に戻り、荷物とカメラ、ハンドバッグを夫に渡します。残りの持ち物を取ろうとまた車内に戻ると、発車してしまいました。私はお金もカメラもなく、さっきの駅の名前もわかりません。車内には私と二人の女性がいるだけです。一人は具合が悪そうに背もたれによりかかり、もう一人が付き添っています。さっきの駅の名前を尋ねると、知らないが次の駅まで四十分はかかると言われました。私が困っていると言うと『大変そうだけど、しょうがないね。戻るのに少なくとも一ドルはかかるが、私は地下鉄のことは知らないし、あなたの家族が待っててくれているかもわからない』」。

私はこの夢を見た人に、乗客の女たちとの会話を想像してもらった。「あの二人は母と私です。『どうして地下鉄に乗ってるの？』と聞くと『降りる前に顔を見せなきゃ』。私は二人の顔を見ます。具合が悪い方が母。付き添っている方が娘の私。母の横柄な態度に縮こまっています。やさしく介助していますが、母を殺したいです。

母は自分の病気を楯にして私を束縛するのです。私は感情が麻痺してしまい、地下鉄の行き先さえわかりません。なのに母と車内に閉じ込められている。立って歩けと言いたいですが、そんなことを言ったら私に頼るのをやめて仕返しするでしょう。母は私を愛していないけれど、きっと私が必要なんだと思うようにしています。殉教者のふりをして耐えているだけです。『母の介護をしているの、私はいい子でしょう？』

とでも言うように。

次の駅で目覚めて母から離れられたら、どれだけ自由になれるでしょう。私の向かい側にいる女性はとても自由です。彼女は何も持っていない。荷物も家族もお金も。不安そうだけれど、何にも縛られていない。私はそこに存在さえしないものに縛られています。過去の自分、病気の母の娘であること、いい子でいようという意識。母から去ったらどうなるのでしょう？　母を失うか、母のために生きている自分を失うか。ネガティヴな母に支配されたくない。ここを抜け出したい。

これ以上母のために生きるのは無理です。日の光がある場所に出たい。母が地下鉄に乗り続けるなら、母が好きにすればいい。私は新鮮な空気が吸いたい。次の駅で降りるわと言うと、母は縮み上がりました」。

この人はその後、四十日間肺炎で寝たきりになった。原因不明の高熱で汗が出続け、孤独で苦しかったが、人生の転機と浄化の時期でもあった。やがて、もう怒りで窒息しないで済むと気づいたのだ。彼女は以前、イナンナとエレシュキガルの物語を読んだことがある。肺炎が完治に近づいたある日、彼女は私の治療室にやってきて「私も従者にことづけておけばよかった」と言った。

苦悩と復活を意識する

従者ニンシュブルはイナンナが冥界に囚われたのに気づき、空や月の神に助けを求めた。多くの女性と同様、イナンナも「ことごとく間違った場所で愛を探す」。全知全能であるはずの父たちは、実は助けることが不可能か、助ける意志がないかのどちらかだ。私自身、何度もそういう目に遭った。リアルな私を見てくれない相手に助けてもらい、認められようとした。本当は誰を頼るべきなのか知らなくてはならない。

ニンシュブルは水の神エンキを訪ねた。海と川の流れを支配する神だ。彼は機転がきき、創造力があり、愉快で共感力のある男である。[23] エンキはひょいと爪の垢から何かを作った。それは男でも女でもない人間のようなもので、エレシュキガルの苦悩を鏡のように映す共感力を持っている。[24] この性別のない者たちは彼女と一緒に深い悲しみを感じ、表現する。彼女に何をしろとも言わず、ただ苦しみに任せる。嘆きの歌を一緒に歌う。共感を得たエレシュキガルは深い痛みを受け入れる――それは生きていれば誰もが体験する、自然のプロセスなのだと。誰かを責める気持ちは消え、ただ苦しみ、ただ癒えるのを待てるようになる。

人が苦しみを乗り越える時、この共感力、痛みと「共にいる」力が助けになる。先が不安なあまり、焦って行動してしまうこと（私は「早漏」と呼んでいる）も防げる。耐え忍び、プロセスを存分に体験すれば深く癒される。急げば中途半端で終わってしまう。死、腐敗、受胎、再生は自然のサイクルだ。尊び、支え合うことの大切さを男女ともに知るべきだ。

それを表してくれた者たち（カラトゥルラとクルガルラ）に感謝したエレシュキガルはイナンナの蘇生を許可する。イナンナは食物と水を振りかけられてゆっくり目覚め、冥界を出て身代わりを探す。闇の女神と対面したイナンナは「それまで一人の個人として生き直す苦しみを知らず、父の前ではいい子のままでいた。だが、命と万物の変化には犠牲が伴う。それはまさに父権制度も知っていることだ」。[25]

冥界から戻ったイナンナは、やさしい光の女神とは別の顔も得た。本当の自分を探して孤独を選んだ人もそうなる。周囲をぎょっとさせる表情だ。家族や友人は「以前のあなたに戻ってよ」と言うかもしれないが、以前の自分を死なせるために大きな犠牲を払ったのだ。ヒロインは新しい自分に合わない人々や状況をばっさり切り捨てる。

イナンナの夫ドゥムジは妻の死を悲しむ様子もなく過ごしていた。彼女は最もいとしかった相手を犠牲にし、冥界に送る。「愛するドゥムジは典型的な王でありアニムス（男性性）だ。それを自己の精神に取り込まねばならない。自分が何者かを定義してくれる相手として外側に置いているなら、殺さねばならない」。[26] ドゥムジが表すのは自分を認めてくれる、認めてほしい人だ。私のところに療法に訪れる女性たちには、父親に認められたくて博士論文を書いている人が多い。話をするうちに「論文を書くのをやめます」と決心する人が大半だ。好きな学問は続けるが、博士号への執着を捨てる。

女神イナンナが愛する夫の死を嘆く声は、ドゥムジの姉ゲシュティンアンナに届いた。姉も彼の死を悲しみ、身代わりになると申し出た。心を打たれたイナンナは、一年の半分を姉が冥界で過ごせるよう計らった。[27]

ゲシュティンアンナは心が厚く謙虚で、犠牲を意識できる賢い女だ。下降・上昇・下降のサイクルに耐える強さがあり、深い女性性も、自身の男性性も知っている。新しい女性性のあり方だ。彼女は「人間として個人として苦しみに向き合おうとする。女神の力を存分に表している」。[28] 彼女は自ら冥界に赴き、生贄の連鎖に終止符を打った。[29] 彼女は誰も責めなかったからだ。

ゲシュティンアンナは現代のヒロインについて多くを教えてくれる。彼女が冥界に下るのは誰かに認められるためでなく、女性の本質を余すことなく体験するためだ。光は強さや勇気、生きることを教えてくれる。闇は死や苦しみの意味を教えてくれる。闇に入れば本能的になる。ゲシュティンアンナは闇を受け入れ、円環的な変化の叡智を手に入れる。

Urgent Yearning To Reconnect With The Feminine

第七章

女性性を見直す

芋虫の姿の赤ん坊

赤ん坊の夢を見た。女の子だが、小さく青白い芋虫のような姿だ。ルシアンと大通りを歩いていて急に思い出す。急いで帰ると門の前に乳母車。私は空腹の赤ん坊を抱き上げる。お乳をやろうとするが、先におむつ交換が必要だと気づく。ルシアンに「この子に話しかけてあげなきゃ」と言う。おむつを替えるが、本当に小さくてみじめったらしい子だ。弱々しい猫のような声しか出ないし、要求もせずにぐったりしている。この子が哀れに思えてくる。だって、私は産んだことすら覚えていないから。泣き声を聞くと私の左の乳房が張った。

この赤ん坊を思い出すと、私は『スター・ウォーズ　エピソード6／ジェダイの帰還』のダース・ベイダーを連想する。父の素性を知ったルークはショックを受け、悲しむ。政治にかまけて人間性は貧素なままだったから。私の父も、実態は小さな子供のようだった。そのままの姿で愛され、抱っこされたい悲しげな子供。女も「心の父の仮面」を剥ぐと自分の本性がわかる。認められ、対話をし、浄化や変化をし、いつくしまれたい思いがそこにある。だが、そこまで心を深く覗くのはつらいから、つい忘れがちになる。だが、この赤ん坊に飲ませるお乳はたっぷりある。あとは、その赤ん坊の存在を思い出してやれるかどうかだ。

女の本質を修復したくなるのは父の影響を捨て去った後だ。女神や母、自分の中の少女らしさへの渇望が生まれる。それまで忘れていた自分の身体や感情、魂の大切さに気づくだろう。心の中の父との間で未解決の事柄は、本来の自分が何かを教えてくれるかもしれない。

身体が発するシグナルを無視してきた人は心身の相互関係を思い知るだろう。感情を抑えてきた人は自分の本音が徐々にわかるだろう。夢や偶然の出来事、詩や芸術、ダンスなどに表れることもある。

身体／心の分離

身体と心が切り離されてしまったのは遥か昔、女神の力が否定されてからだ。現代になってやっと母なる自然の破壊が懸念され、人々の意識が変わってきた。元来、古代人は手つかずの林や丘を信仰の場とした。そこに教会や大聖堂を建て始めると、自然と人間の「私—汝の関係性」が薄れ、自然界との一体感が失われた。木々や岩、海、動物、鳥、子供、男、女が持つ気高さも。自然への畏怖を忘れると、身体がいかに神聖かもわからなくなる。

だが、女神が讃えられた古代は違う。女が生命を宿す力は強く認識されていた。

生命の仕組みが科学的に説明されていなかった時代、女はすごいものだと感じられていただろう。身体の変化に対する畏敬の念だ。初潮を迎えた少女の血液は神聖視された。妊婦の身体は命を宿す器と見なされ、月経が途絶えるのは血液を胎内に保持して子を作るためだと考えられた。子を生むと月経は再開する。閉経すると、体内に血液が留まって叡智になると畏怖された。この価値観を見直せば、自分のことも新たな視点で見直せる。[1]

中世以来、特に産業革命で機械や工業が重要視され始め、自然にも男女の性や身体にも皺寄せが及んできた。限界以上に酷使され、さらには外見を美しく整えようとさえする。月経や出産、閉経はタブー視され、女の身体は礼賛されなくなった。[2] 礼賛されなくなればレイプや近親相姦、ポルノグラフィーが増える。この傾向は父なる神の信仰が勃興した頃から始まった。女神崇拝が下火になると、月に一度血を流す女の身体への敬意も薄れた。

自分の身体が知らせることや、女性の神秘を忘れる女たちも出始めた。女が何かを「知る」のは身体を通してだ。「身体の感覚で何かを知ると、自分を深く知ることができる。この点で、キリスト教の文化やその影響を受けた心理学はバランスを欠いている。神学も心理学も父親的な視点が多く、思考や解釈、言葉で変革体験を語るが（女性には）当てはまらない」[3] とジーン・シノダ・ボーレンは書いている。

女性のセクシュアリティー

子作りには男の力も必要だ。古代人がそれに気づくと、女への畏怖が消えた。そして、父系の子孫を守るために女の性を支配しようとした。「男には女が必要だが、父権社会の強固な構造が些細なことで損なわれないように、女の性を規制した。[4] 父系社会の息子は父親の子でなくてはならない」。[5]

母系社会のケルト文化でも、女の性的な力は危険で不健康で怖いものとされた。ケルトの太母リアンノンは白猪ジーンまたは雌豚に姿を変えられ、地底に追放されたとジャン・マルカルは書いている。ウェールズの雌豚の女神ヘンウェンも恐れられ、アーサー王と家臣に迫害されたことが明らかだ。恐怖の根源はヘンウェンの繁殖能力にある。

「シーラ・ナ・ギグ」

ヘンウェン（老白）の子供たちがイギリスに害を及ぼすという預言があった。彼女が妊娠するとアーサー王は軍を率いて倒そうとした。産後のヘンウェンは海に身を投げ、子も後に続いた。グウェントの麦畑で彼女は一粒の小麦と一匹の蜂を産んだ。ペンブロークでは一粒の大麦と小麦を産んだ。アルヴォンで狼と鷲を産み、別の地で猫を産んだが豚飼いが海に投げ込んだ。[6] 小麦、大麦、蜂、猫はみな古代女神のシンボルだ。父権に迫害されても彼女の子孫は増え続けるだろう。

豚の女神は古代、生殖と豊かさの象徴だった。メソポタミア文明で豚は女神の象徴だ。古代ヨーロッパではデメテルとペルセポネの神話の再現「エレウシスの秘儀」が徐々に豊穣祈願の儀式となり、豚が神聖な生贄にされた。儀式が終わると女は男と畑の溝で交わり、五穀豊穣を祈った。人間の性と農業の生産性を直結させた風習だ。[7]大地に実りをもたらすのは女の性の力だとされ、尊ばれた。精神と身体は一つのものとみなされた。

いまや女は自分の性の力がほとんどわかっていない。女神の繁殖力は男にとって脅威だったため、女はふしだらで強欲だと貶められた。おまけに女は労働者としても非生産的だとされた。「夜の女神に象徴される自由な性関係が危険なのは、男と女が本能的な欲求を完全に満たそうとすることにある。究極的には眠り、あるいは涅槃のように生への意志が消滅した状態に至る。それは子宮回帰とも言えるだろう。湿潤な母の子宮に守られ、真の楽園に戻ることだ」。[8]

古代の女神像には性器を賛美する表現が見られるが、侵略者やキリスト教宣教師に顔面を壊されている。アイルランドやイギリスの寺院や城では人食い母の象徴シーラ・ナ・ギグの石像があった。「股を開き、両手で巨大な陰部を開いて見せている。

性や人の起源を宇宙のように想像させる。出産の神秘と畏怖も見てとれる。血まみれの胎盤から新たな命が解き放たれるのが象徴的に表現されている」。[9] 現存する彫像のほとんどは陰部が削り取られ、原形をとどめていない。

性器がそこまで破壊されたのだから、現代女性が羞恥心を感じ、性病を罪悪視するのも無理はない。軽蔑されるのを恐れて事実を隠す。自分の性器に劣等感を持つ人もいる。身体についての不満は尽きない。少女たちはお尻や乳房の大きさを気にし、出産や育児をする身体機能を嬉しいものとは思わない。月経も不快なものとして扱われる。ネイティヴ・アメリカンは月経を「月の上にいる時期」と呼び、浄化や夢、洞察の時と捉えた。月経は大きな力を回復するから尊い。それは現代人にとって聞き覚えのないことだろう。

家族が発するメッセージ

「女であることって何でしょうか」と三五歳の女性が言った。「私、体重が九十キロ以上あるんです。自分が女だとは到底感じられません。子供や人の世話は好きだし、母親の自覚はあります。でも、セクシャルな意味で女だとは思えない。若い頃、両親に『外で子供を作るなよ』としょっちゅう言われたので、もしセックスして妊娠したら家に入れてもらえないと思いました。それで十三歳の時から太り始めたんです。自分を守るために。学校のダンスパーティーで人気者の男の子に誘われたんですけど、触れられるのが怖くて、あなたは背が低いからダメって断ったんです。その時から過食に走りました」。

このように過食や飲酒、麻薬に溺れたり、仕事やエクササイズにのめり込んで身体の呪縛から逃げようとするケースは多い。女という性を拒絶すると、身体が欲するものがわからなくなる。身体は賢い。何をいつ、どれだけ食べて飲むか、いつ休み、いつ運動やセックスがしたいか、したくないかは自分の身体が知っている。だが、多くの人が身体の声に逆らう癖をつけている。

妊娠中絶反対運動が激化した時代に叫ばれたように、女の身体はパブリック・ドメインだ。女が身体をどうすべきか、どうすべきでないかは本人の自由である。だが就職の話になると、父親たちは「ダイエットしてきれいになれ。就職に有利だから」と言い始める。娘は管理職希望かもしれないのに、外見を磨いて補佐に回れと勧められる。生理休暇や出産・育児休暇を考えると、女性の戦力は低いと言われてきた。今でもそれで昇進や昇給のチャンスを逃している。

　女の身体についてネガティヴな発言をする母親は、娘の誕生をあまり喜べなかったのではないだろうか。[10] 初めてのセックスや出産の痛さを母親から聞かされた娘は怯え、我が身を呪い、徐々に感覚を鈍らせる。もし「家族が子供の成長をありのままに受け入れずに完璧を求めると、子供は『自然でいるのは悪いことだ』と感じる。怒りや恐怖、喜びさえも自然に発散できなくなって筋肉に閉じ込められる。その葛藤は意識下に押し込められるか、身体症状として表れる」。[11]

　顕著な例は近親相姦やレイプ、虐待だ。父親や教師、上司など社会的権威を持つ男性に襲われるとトラウマが残る。そのつらさを思い出すまいとして身体感覚を鈍くするのだ。時を経ても痛みは消えない。恐怖と痛みは唇や胸、性器の各部などに記憶され、緊張や疼痛、倒錯した快楽や感覚麻痺、病気を引き起こす。これまでに私が見た例では、幼児性的虐待の被害者は身体に非常に敏感になるか、鈍感になるかのどちらかだ。前者は心の痛みが身体に取り込まれ、解放されるまでのプロセスをつかむ。後者は本能や直感を鈍らせ、身体の痛みを感じまいとする。身体の声を聞けば悲惨な記憶を思い出すから、身体の感覚は混乱したままだ。

冥界下りを経た人は自己の身体を取り戻し、神聖な女性性が表現できるようになる。食生活を見直し、エクササイズや入浴、休息の必要性を知り、癒しやセックス、出産、死を意識する。人と身体を触れ合わせることと、自分の身体を使うこと。その究極が出産だ。身体を取り戻して大事にしないと、人も文化も魂が得られない。

その点を考えると、私は「ヴァルヴァ・ダンス」の考案者、助産婦アリシカ・ラザクを思い出す。彼女はこう言っていた。

「開いた陰唇から赤ちゃんの頭が出てきますでしょう。上半身を起こしてそれを見るお母さんはわずかです。あとは、臭くてごめんなさいねと言いたげに局部を隠したりね。お産を恥ずかしいとか汚いと思わなかった時代もあったでしょ。昔は美しさと清らかさ、超越のしるしでしたからね。人はみな女の身体を通り抜けて生まれてくるんです。

私は身体を扱う戦士のようなもの。私が接する産婦さんは低所得者層で、心の問題に頓着しない人も多いんです。私はいつも『いやなことはいやと言えばいいのよ』と伝えています。自分がしたくない時は断る。自分で選択するようアドバイスしています。死ぬまで女なんだから、自分の身体を大事にしないとね。私にとって、性はスピリチュアルな領域への入り口。ヴァルヴァ・ダンスやボディーワークは女神に仕えるようなものだと思っています」。[12]

これが私の身体

眠る時に見る夢に象徴的なものが現れることもある。男女問わず、女神が夢に出てきたという人も多い。女性原理を見直すサインだ。その人の来歴が夢の内容に色濃く反映されるかもしれない。ある四十代の女性はアイルランド系の厳格なカトリックの家庭で育った。彼女が見た夢には一連して聖杯が出てきた。カトリックのミサでは聖杯の中でワインをキリストの血に変える。古代、杯や器は聖女の象徴だった。

彼女の最初の夢には「聖なる血の杯を飲む女」と書き添えられた絵画が出てきた。その一カ月後に見た夢で彼女は杯の血を飲んだ。十二滴の血が喉を流れ落ち、「太母の血には滋養がある」という言葉が聞こえた。彼女は日記にこう書いた。「血は命の再生と復活のイメージ。器や子宮、浄化する経血は強い女性性のイメージ。女神の血を飲んで神聖な女性の世界に入る」。

二カ月後に見た夢では自分の身体が杯になっていて、声が聞こえた。「これは私のかわいい娘」。彼女は興奮して目覚めた。「身体がエネルギーの振動を感じて震えていました。爆発しそうなほどの力を感じて、寝床には戻れませんでした。夜中に美術道具を出し、粘土で杯を作りました。ひんやりした粘土に触れているうちに気分は落ち着きましたが、もっと何かしたいと思いました。心の中にあるものを色で表現したくなって、マーカーを全色持ってきてカラフルな杯を描きました。『これが私の身体。これが私の身体』という言葉が頭を離れませんでした。『私』が魂を表現したんだ、『私』の身体と『私』の血を形にしたんだと思いました。私は女神になった、と言えばおこがましいけれど、魂の存在という意味ではそう感じました。神や女神は私の外にあるんじゃない。私の中の女神を表現する。女神の力を感じるのです」。

心に蓋をする

冥界下りに波風はつきものだ。悲しみや無力感に押しつぶされたくなくて、人はせっせと忙しくする。だが、勇気を出して闇に下りると、それまで蓋をしてきた感情と巡り合う。「どっちでもいいわ、あなたが決めて」と譲歩してきたことに気づく。すると、今までなぜ時間を無駄にしたのだろう、裏切られたままでいたのだろうと腹が立ってくる。同時に、今さらどうしていいかわからない、と悲しくなる。

ある五十代の女性は十人の子供を育て上げ、振り返ってこう言った。「幸せだけど、ちゃんと話をしなかったことだけが残念。子供たちとも夫とも、自分とも対話していませんでした。忙しすぎたし、落ち込むことも多くて、心に蓋をしてました。波風を立てなきゃ平穏に暮らせますから」。

多忙を言い訳にする人は多い。家族や仕事仲間との関係イコール自分だと思っている人に、自分と向き合う余裕は残らない。自分の気持ちを優先させるのはわがままだ、と抑えてしまう。逆に自分の気持ちを優先させすぎる人もいる。「私がしないと、誰もしないでしょ」と言う人は、自分もそうやって他者に依存していることに気づけない。

昔から女はヒステリックだと批判されてきた。誠実で熱意があるようには見てもらえず、自己中心的だと言われる。怒って抗議すると「キレた」と言われる。

娘が感情的になると親は「落ち着け」とか「ああ、また始まった」などと言う。何度もそう言われるうちに、娘は感情を持ってはいけないと思い始める。親や教師に喜怒哀楽の表現さえも叱られるなら、心を麻痺させる方がよい。表現されなかった感情は埋もれ、過去への囚われを生む。

心を麻痺させるのは、抱っこしてもらえぬ悲しみを感じたくないからだ。私が夢で見た芋虫の赤ん坊のように。「なぜ私を見捨てるの?」と訴える、あの怒ったような泣き声を聞くのはいやだ。ジェイムズ・ヒルマンはそれを「母への排他的な回帰」と呼ぶ。それは「とことん暗くて野蛮な情熱に身をゆだねること。腕に抱かれたい望みや怒りを抑えずに受け入れること。それは心のままに生きることであり、どう感じるべきか、いかに感じるべきかではなく、拳や腹、股間で感じる方へ行くこと」。[13] この悲しみで身体じゅうが痛むこともあるだろう。

切り離された嘆き

ヒロインの旅で最もつらいのは、女性性から切り離された悲しみを消化して前に進むことだ。悲しみの時期には誰かの助けが必要である。母親や姉妹、あるいは性別問わず、女であることを肯定的に表す人物がふさわしい。ヒロインが素直に感情表現できるように包んでやれる人物だ。悲しみの度合いはそれぞれだ。何不自由ない生活をしていても悲しみは生まれる。自分を愛せず、自分の本心も見出せない人だ。他人を責めず、自分で悲しみの根源を見つけて癒さねばならない。

ある二十代半ばの女性は幼い頃に養父から性的虐待を受けていた。母親に相談したが、その度に母親はしらを切り、耳を貸そうとしなかった。十年後のある日、母親はこう言った。「私が悪かった。守ってあげず、ひどいことをした。どうすればいいかわからなくて、見ないふりをしていたの。あの時はそれで精一杯。でも、それじゃ言い訳にはならないわね。あなたを見捨てたんだから」。娘は初めて母に気持ちが届いたと感じた。それによって虐待を受けたつらさが消えるわけではないが、娘の心の傷は癒え始めた。母親を気遣うようにもなった。

「悲しみはあなたの芯にある。心を丸裸にすれば悲しみの種に出会うだろう。すぐにでも緑の芽を出しそうな種である」。[14] だが、悲しみを後生大事に抱えなくていい。解放にはたゆまぬ努力が要る。呼吸を意識して行う、といったことだ。息を吸って悲しみを感じたら、息と一緒に吐き出す。息を吸って涙をこぼし、息を吐いて温かさを感じる。息を吸ってほほえむ。[15] 無理をしないで、少しずつ自分をいたわってあげてほしい。

スパイダー・ウーマン

冥界から骨の袋を引きずって帰ると、やさしさがほしくなる。母の膝によじ登り、胸に抱かれて「もう大丈夫よ」と言われたい。北米先住民のテワ・プエブロ民族の言い伝えにはこうある。「みんなモグラに導かれて地の底から出てくる。地上に出ると、まぶしくて土の中に帰りたくなるだろう。その時、女の小さな声がする。あわてるな、ゆっくりと目を開けなさい、と。目を開けると、腰の曲がった小さな老女『スパイダー・ウーマン』がそこにいる。大地の母、生き物みんなの母だ。悲しみに負けて人を責めてはいけないと忠告し、トウモロコシの植え方、育て方を教えてくれる」。[16]

このような女性は大切だ。見栄を張ってつまらない争いをせず、自分を大事にせよと言う。スパイダー・ウーマンは人々のためを考える。命を守り、網を作り、人生の旅人たちを励ます師だ。急いで光の中に飛び出さず、時に任せよと教えてくれる。種まきの仕方も知っている。このような叡智は性別問わず誰もが持っている、真の人間性の発見につながるものだ。

ホピ族の創世神話でも「蜘蛛のお婆さん」が中心的な役割を演じている。

太陽の精ははじめの（下の）世界を創って生き物を入れたが満足しなかった。生き物たちが命の意味を理解するとは思えなかったからだ。彼は蜘蛛のお婆さんに頼んで生き物たちを先へ進ませた。

お婆さんは生き物を、上にある次の世界へ導いた。しばらくは成長が見られたが、また次の世界へ連れて上がるよう頼まれた。次の世界で村ができ、作物を育て、みな仲良く暮らした。だが、その世界は薄暗くて寒かった。蜘蛛のお婆さんが織物や陶芸を教えると、長い間、うまくいった。

しばらくすると不和が起きた。蜘蛛のお婆さんがやって来て、変わりたい者はさらに上の世界に行けと言って選択をさせた。生き物たちは「空の扉」の真下まで来たが、扉のくぐり方を知る者はいなかった。

蜘蛛のお婆さんと孫の若武者たちが現れ、種を植えると芽が出て高く伸びた。蜘蛛のお婆さんは人々に歌い続けるように言った。若竹はさらに伸び、「空の扉」を突き抜けた。蜘蛛のお婆さんは人々に荷物を持って集まらせ、「あの扉をくぐるには何を変えなくてはならないかよく考えておきなさい」と言った。「真の人間だけが、この上の世界に行けるのだから」。[17]

蜘蛛のお婆さんと孫たちは上の世界に行き、後から来た人々の世話をした。必需品の作り方を教え、光と暖かさを世界にもたらす儀式を教えた。

全てが終わると蜘蛛のお婆さんは人々がくぐってきた穴を湖でふさぎ、旅の心構えを話して聞かせた。「この世界に来た理由を忘れた者だけが道に迷うのだよ」。そう言って人の起源を説き、聖なる儀式を続けるように促した。[18]

このような内省や知恵は貴重だ。自分が何者で、何のために生まれてきたかを思い出させてくれる。蜘蛛のお婆さんは歌や儀式などを通して自然とつながることを教えてくれる。そうすれば、自然を一方的に破壊する行為はなくなるだろう。

私は以前、女神の顔を題材にした写真プロジェクトをしていて、ニューメキシコ州の芸術家のコリーン・ケリーにインタビューしたことがある。彼女は白昼夢で老女を見た。そのイメージは蜘蛛のお婆さんと似ていたそうだ。「アリゾナで聖地巡りをしていると、谷から老女が現れていろいろと教えてくれたんです。たとえば、ちぎれかけた魂の網目のこと。それは供物や儀式でできた網で、何千年も続いてきたものです。今もそれを伝えようとする女たちがいて、テレパシーのような力で世界じゅうの男女とつながっているんですって。その網が壊れた時は生き物の命が危なくなる、と老女は言いました」。[19]

維持する女

命を守り、維持することは女性性のプラス面である。男女ともにその性質を強く持つ人がいる。つながりや親和を重んじ、皆のまとめ役をする。万物に共通点を見出し、他者を思いやる。若者や弱者を守ろうとする。

ドイツの芸術家ケーテ・コルヴィッツがそうだ。搾取される労働者、母の喜びと悲しみ、戦争の恐怖を描いた。「ドイツの子供たちは飢えている!」「二度と戦争をするな！」「種を粉に挽いてはならない」と書いたポスターで戦争に抗議した。彫刻『母親たちの塔』では子供たちを猛然と守る女を、『親たち』では第一次大戦で息子を亡くした人々の嘆きを表現した。

ナチスによる虐殺行為が加速してもコルヴィッツは柔和な母子の絵を描き続け、人のぬくもりを訴えた。[20]「誰もが無力で助けが必要だからこそ意味がある」と彼女は言っている。[21] ロマン・ロランはコルヴィッツの作品を当時の「ドイツで最も優れた詩」と呼んだ。「男気のある彼女は弱者を見つめ、荘厳でやさしい母のように招き入れる。犠牲者の声なき声を表現している」。[22] 観音菩薩のように人々の嘆きに耳を傾けるのだ。

創造者：変わる女とオシュン

冥界に下ると破壊者と出会う。死と再生を促す者だ。荒涼とした闇を体験していると、緑が茂る、いきいきした世界が恋しくなる。その恋しさが胎動を始めた人は、ゆっくり本来の自分に戻っていく。庭やキッチン、家の装飾、人間関係が新たに変わる。織物や書き物、ダンスをする人もいる。色や匂い、味や手触り、音の感性に目覚め、美と潤いを取り戻す。

それを教えてくれるのが西アフリカの女神オシュンだ。アフリカに住むヨルバ系ルクミ族に伝わる女神で、女司祭ルイサ・テイシによると「川と海が交わるところ。男女の性愛だけでなく、創造の衝動を生む愛でもある。オシュンは全てのカラーリリーの花に、滝に、子供の瞳の中にいる。人が恐れずに生きるのはオシュンのおかげ、生きる力を与えてくれる。自分の感性で美を、精妙な美術工芸を創る意欲を起こさせる。我を忘れて創ったものが人の心を開かせる時、オシュンはそこにいる。きれいな岩がある川で、私にはオシュンの声がはっきり聞こえる」。[23]

もう一つ、北米先住民族ナバホに伝わる「変わる女」がいる。変わる女は大地で空。植物の女王、海の女王であり、超越的な女創造主である。自分の身体をこすって落ちた皮から最初の人間を創った。彼女は永遠に変わり、進化し続ける。「冬に老い、春に若返る——死と再生は変わる女に表れる。回復と再生を繰り返す命と自然界の象徴だ」。[24]「男の創造は常に前進を目指すが、女の創造は循環する。同じところを回るのではなく、らせん状に」。[25] 変わる女は踊りながら創造する。圧倒的な美を持つ彼女は行く先々で美を創る。白い貝殻とトルコ石の衣装をまとい、ナバホの少女の成人の儀式で踊る。「思春期の儀式の歌」はこうだ。

彼女は動く、動く
彼女は動く、動く
白い貝殻の女、彼女は動く
白い貝殻の靴、彼女は動く
黒い縁取りの靴、彼女は動く
白い貝殻の靴紐、彼女は動く
白い貝殻の股引、彼女は動く……

白い貝殻の踊りのスカート、彼女は動く
白い貝殻のベルト、彼女は動く
白い貝殻のスカート、彼女は動く
白い貝殻のブレスレット、彼女は動く

白い貝殻の首飾り、彼女は動く
白い貝殻の耳飾り、彼女は動く……

その上で雄の青い鳥が美しく踊る、彼女は動く
鳥は歌う、美しい声で、彼女は動く……

彼女の前にあるものはみな美しい、彼女は動く
彼女の後ろにあるものはみな美しい、彼女は動く

彼女は動く、彼女は動く
彼女は動く、彼女は動く
[26]

私は心のままに動くことをようやく学び始めたところだ。父を見て育った娘はなすがままの姿勢でいるのが難しい。何がいつ起きるかを自分で支配しようとする。結果を待つのが不安で仕方ないからだ。女は自然にまかせる。セラピーや創造活動で心の

深層を探求すると、どこかで静止する段階が訪れる。その時、内面で何かが刷新されているのがわかる。立ち止まる時間も必要だ。何かを無理やり生み出すことはできない。ヒロインの旅では「なるようになる」と信じることもまた、深い学びである。

器を磨く

何かを「する」かわりに、ただ「いる」こと。その意義を見出すことは大切だ。夢やアート作品に出てくる器のモチーフからは、内面を見つめる女性性の特質が見えてくる。キリスト教やその他の宗教でみられるヴェシカ・パイシス（「魚の器」）も女性的なシンボルだ。命を象徴する器を磨くことについて、ジョーン・サザーランドはこう言っている。「一人で瞑想するのは内面からの器磨き。みんなで行う儀式などは外からの器磨きだ。器の中で何が起き、中身がどう変化するかは器の質にかかっている。器磨きのプロセスも大切だ。その器に与えられるものや、その器を通り抜けていくものを受け入れるためにも。内側からも外側からも、両面が一つになるまで、器が透明になるまで磨くべきだ。複雑ではない。単純だ。だが難しい。真摯に向き合わねばならないからである」。[27]

自分で「いる」には自分を受け入れ、その中にとどまり、自己主張して何かをしようとしないでいることだ。誰にも褒められなくて結構、という姿勢が要る。意味もなく、ただ作るために作るという態度に疑問を持たねばならない。政治・経済的な価値は乏しいかもしれないが、そのシンプルな問いには叡智がある。ありのままをよしとし、周囲と調和を保っていれば、作って宣伝して環境汚染までして幸福を追求しなくなるだろう。ただ「いる」のは消極的とは違う。意識を集中する必要がある。

芸術家ヴァレリー・ベクトルが創作する魂の器は「いる」ことの能動性を表現している。「魂の器は私という器につながるものです。必要なものは全部自分の中にある。私は偉大な器、満ち足りた巨大な子宮。それはどこに行こうと変わらない。器の中に家がある。単に受け身でいるのではありません。キリスト教以前、器はとても積極的な意味合いを持っていました。変化と癒しをもたらす道具だったし、器を作るのは女と決まっていました」。[28]

古代の女たちは器であることの意味を知っていたのだろう。子宮で起きる変化にまかせる意味を理解していたに違いない。自然な状態を尊重すれば女は素晴らしいものを生む。大地ガイアもただ「ある」ことの価値を知り、生き物たちとつながる。深く考えずに何かを「する」ばかりだと、自然は大きなダメージを受ける。

ヒーローとヒロインを見直すべきだ。権力争いや征服のためでなく、自然の中の男女の特質を融合して調和をもたらすために。心の世界や創造、よりよい未来を創るためにも、現代のヒロインは不安を乗り越え、本来の力を取り戻さねばならない。世界という大きな器で全てがつながり、共存するためにも、ヒロインの力が強く求められている。

ああ、ひいおばあさま、
私はこれまで父の娘でしたが
やっと母の娘になれました
　ああ、お母さま、許して下さい、私が知らずにしたことを
　ああ、お母さま、許して下さい、私があなたを許していても
ああ、おばあさま、ああ、ひいおばあさま、
　私たちは家に戻ってきます

私たちは女
私たちは家に戻ります

——ナンシー・レドモンド[29]

Healing The Mother / Daughter Split

第八章

母／娘の断絶を癒す

現実を振り返ると、おとぎ話は逆から辿らねばならない――抑圧された男らしさを取り入れるには、まず女の領域を修復する必要がある。

――マドンナ・コルベンシュラーグ『眠れる森の美女にさよならのキスを』

深いところに流れる
この旅は覆いを取り払う
傷を縛り
真っ赤なアネモネの
血を付けた
この最初の日曜から
春の最初の満月
私たちを万物の起源に呼び戻し
見せてくれるだろう
月が映るのを

時が転じるところで
取り返すのだ
愛を

——ジュリア・コナー『野兎の月』

『母と娘』マインラード・クレイグヘッド

ヒロインの旅を続けると「母／娘の分離」の修復の段階が来る。ここは私にとって最も困難だから、書くのも難しい。父を見上げて一生懸命男性社会に適応してきたのだから。論理的思考や責任感は役に立ったが、一度ならず冥界下りで骨まで削られ、自分らしさに近づけたと思う。

だが、私の傷は癒えていなかった。手ごわい母親の問題だけではなさそうだ。傷の根源は社会にある。心の交流が希薄で孤独な社会。やさしくたくましい女の感性に満ちた場が少ない。「人や社会が本質を離れて一元的になると、何かの精神が働いて修復しようとする。既成のものを壊すと常識から解放され、癒しに向けた変化が起きる」。[1] 強くてパワフルな女性性を持つ親が必要だ。

母なき娘たち

母親に育てられたことを深く感じられない娘は多い。私もそうだ。深く愛された時にどんな心地がするかは知っているけれど。

私は母の手に余る子供だった。登った木から落ちて肋骨を折ったり、事故に遭ったりした。私が何か思いつくと母は心配した。注意されても私は聞かず、母の器からはみ出してばかりいた。その器は小さすぎて息苦しかったからだ。

幼い私に女らしさは不自由で危険に見えた。美や優雅さは感じたが、面白くなかった。女らしさとは完璧を求めることだ。その点、私は完璧な子供ではないから合わない。母の怒りや頑固さ、正直な意見を聞こうとしない偏狭なところが嫌だった。私の女性性の拒絶はそこが出発点だと思う。思春期になると私はさらにお父さんっ子になり、女らしさとますます縁遠くなった。

幸い、母は宗教に熱心だった。私がスピリチュアルな道に傾倒するのに賛成し、毎朝ミサに出る私を自慢した。母と聖フランシスコや聖母マリアの話こそしなかったが、私がこつこつと祭壇を作り、聖人に語りかける間、そっとしておいてくれた。私は外に出るといつも林で過ごした。小川の近くに好きな木があった。そこに行くとやすらぎ、木に守られている気がした。

母はいつも快く送り出してくれた。一緒にいると互いを変に刺激してしまうのだ。「知ったかぶりはやめなさい。いつか困るわよ」と私に言った。母の言う通りだった。私は学校でシスターとしょっちゅう問題を起こした。キリスト復活の話に納得いかず、こんな質問をしたのは小学二年生の時だ。「イエス様はどうやってお墓から出てきたのですか？　死んでから三日も経っているし、お墓は大きな石でふさいであったのに」。

私は即刻、校長室につまみ出された。家に帰され、母に怒られた。一年生の時に物差しで叩かれた時はみみず腫れができたので、シスターは私を家に帰さなかった。だが、それも意味がない。結局家に帰ってこっぴどく叱られた。シスターを怒らせた私が悪いのだ。

思春期は悪夢のようだった。十七歳で初恋をすると、地元の教会で母は私の悪魔祓いの予約をした。ありがたいことに、これは司祭の方からキャンセルしてくれた。その後も母は妊娠など絶対するなと言い続けたが、箱入り娘の私は子供の作り方さえ知らなかった。女とは何か、母は教えてくれなかった。二十一歳になる前にようやく知識を得たが、ちゃっかり母が心配した通りに妊娠し、婚約した。母は怒り、私を売女と呼んだ。私はふくらんでいく身体が誇らしかったが、それも母に軽蔑され、笑われた。

その気持ちは橋の下を流れる川のように、時に激しくなり、今は落ち着いた。女らしさを切り捨てて生きてきて、結局、病気になるまで身体を酷使した。息抜きなんてしちゃだめだ、じっくり温める余裕なんてないと思ってきた。人生、楽をしちゃいけない。戦うべきだ――そう思って貴重な人生を楽しまなかった。他の人たちも似たようなことを言う。子供の頃に「頑張って結果を出せ、人のために我慢しろ」とは教えられても、人生を楽しむなんてことは言われなかった。「人生は苦労の連続。墓場に行ってから楽をしろ」と言われた。

若い頃は怒りが表現できず、ただ鬱積するだけだった。大人になって自分を見つめ、私は自分が母親になって癒されたことに気づいた。親として、教師として、育て、励まし、人と遊ぶことを知った。母を体験できずにいる人はたくさんいる。私もそうで、三十代前半の頃は年上の女性たちに愛や承認を求めた。三十代後半で再婚した。夫は自分の女性的な性質を素直に認められる人だ。私は彼の愛に深く育まれた。

だが、母を求める気持ちは消えない。どれほど姉妹や女友達と交流し、女どうしのグループや勉強会に参加しても埋められないものがある。さりとて、実の母とは会話が交わせない。

母／娘の分離の影響は深い。だが、解決しないと自分は完全に開花できない。その点、私は母なき赤ん坊のように無力だ。育ての母を自分の中に作らねばならない。

宿命としての母

母子の絆は子供の精神に組み込まれ、マザー・コンプレックスを形成する。母親の性格や接し方がどうあれ、子供が自己をどう認識するかの基盤になる。ジェイムズ・

ヒルマンは次のように書いている。

母親とは宿命のようなものであり、人生に何度も表れる。人は母とのやりとりを通して感情のパターンを作る。自分が生きていることをどう感じるか。自分の身体を愛し、自信が持てるか。外の世界をどう捉えるか。恐怖や罪悪感、愛をどう捉えるか。親しみや心のあたたかさをどう表現し、どう受け取るか。病気の時にどう感じるか。食や住のマナーや好み、スタイル、人や物との関わり方、ジェスチャーや声のトーンなど。その人の全てに母親の痕跡が表れる。[2]

女性は自分の性の捉え方にも重大な影響を受ける。これも、母親自身の自己認識とは無関係かもしれない。さらにヒルマンはこう述べる。

人の感情パターンは母親に似るとは限らず、逆になるとも限らない。マザー・コンプレックスとは子供側の心理である。子供が母親をどう自分の精神に取り入れたかが問題だ。[3]

母親を否定的な面として「取り入れ」ると、肯定的な面が伸び悩む。娘が「女として生きるのは不安だ」と否定的に捉えれば、「男っぽくなれば安心だ」と感じるだろう。母親のざっくばらんで懐が深い長所を捉えられず、代わりに父親から取り入れる人は少なくない。

自分の母親だけでなく、母なる存在（アーキタイプ）の取り入れ方も大きな要因だ。母なる大地や社会の女性観も影響する。

社会レベルでも、母の力を恐れて叩き壊そうとする心理が起こり得る。自然の恵みに感謝せず、ただ利用し、支配しようとする心理だ。人は傲慢になり、母なる存在から目をそらす。そうして原油は海に垂れ流され、核のゴミは砂漠に埋められ、樹木は酸性雨に痛めつけられる。

神の中の女性的な側面が闇に隠されて以来、途方もない年月が経っている。人間が神の男性的な側面を光の世界に立たせ、女神像をことごとく破壊した時代の名残が今もある。世の中全体がそうだから、私たちがぴんとこないのも当然だ。母／娘の傷は深い。癒すには長い時間がかかるだろう。

自分の母を探して

母／娘の分離の問題は誕生の瞬間から始まるのだろうか。胎児は温かな羊水に浸かってやさしく揺られ、鼓動の響きを聞いている。その世界から乱暴に引き離されると、娘は母を一生探し続ける。

ローズ・エミリー・ローテンバーグはこう述べている。

幼児にとって母とは自分です。母との絆で自分の生を確認して安心します。母は大地との絆も感じさせてくれます。この絆が壊れると（子供の）自我は発達できません。外から何も取り入れられず、見捨てられた感覚だけが残ります。[4]

母親がそばにいても、心がそこになければ遺棄と同じだ。近親相姦の被害者やアルコール依存症の親を持つ子供は自分を見捨てた母親に対する気持ちを訴え続ける。自分が何者かを実感したくて、他人からの関心や承認を得ようとする。

母親が存命なら修復も可能だろう。ユング派の分析家リンダ・シュミットは中年になって母ジェーン・ウィールライトとの関係を築いた体験を記している。

大牧場で育ったシュミットは早くから親の手を離れ、狩猟の女神アルテミスのように自由だった。彼女の母親も似たような生い立ちだ。シュミットにとってカウボーイたちが「やさしいパパ」代わりだったが、「両親は独特の考え方を持ち、仕事も忙しくて、育児の余裕はなかった。私を育んだのは野性的な世界や自然（グレート・マザー／女としての自己）だ。だから、私にとって母とはアーキタイプで環境で、地理だった。実際に母の身体に触れる機会は最小限だった」。[5]

「グレート・マザーの牧場」は女性原理を学ぶにはうってつけだった。本能を発揮し、生を存分に感じる力がついた。彼女が成人後、母親は『ある女の死』（*The Death of a Woman*）という本を書いた。その原稿を読んだシュミットは初めて母親に「母」を感じたという。母親と若い末期がん患者の女性の物語だったが、「母は私を思って書いたのかもしれない。そう感じたことで、私の人生後半は開かれた」。[6]

彼女は母親と牧場で過ごすようになり、母も祖母から同じことを感じていたと知る。母娘は互いにわかり合い、姉妹のようになった。馬への愛情や思索の楽しみを共有し、なった。

執筆などでも助け合った。母／娘の関係を癒すワークショップも共同で開くように

母探しは夢や自然、アート作品の中でもなされる。パトリシア・フレミングは「ペルセポネの母探し」と題した文章で自身のことを綴っている。彼女はウルグアイで生まれたが、母親は二十八時間後に亡くなり、五歳まで祖母に育てられた。その祖母とも、父親の再婚を機に離れてしまった。母との絆をいろいろな人に求めたが、彼女自身が死産の危機に見舞われた時に心の変化が起きた。フレミングは亡き母や祖母や娘の苦しみを嘆き、生まれなかった命を悲しんだ。

その年の春にアイリスの花が咲くと、私は無性にアイリスが描きたくなりました。それ以外は目に入りませんでした。深い女らしさを感じさせる形を描くと心が満たされ、自分の中の女らしさとの架け橋ができました。娘を奪われた母デメテルの物語がありますが、ホメロスによると、ゼウスは冥界に「金の翼を羽ばたかせる」使者イリスを送って和解を求めました。神話で初めて母——デメテル——大地——普通の世界とが金の架け橋でつながるのです。[7]

フレミングはギリシャを訪ね、癒しのプロセスを続けた。そこが母の地だと感じたからだ。彼女はアルテミスやイシス、デメテルゆかりの聖地へ赴いた。初めてデメテルと対峙したのはテゲアの町の小さな美術館だ。彫像を見た瞬間、自分の祖母を思い出したという。エレウシスではデメテルの井戸のそばに腰かけた。フレミングは娘を奪われたデメテルの嘆きに共感し、自らの苦悩の意味に気づいた。女神デメテルに思いを馳せて、失くしたものを取り戻したのだ。

その後、彼女は祖母の夢を見た。祖母に「どこに埋葬してほしい?」と尋ねると、「お前の好きにすればいい。家に連れて帰ってくれるなら、私はずっとお前と一緒にいるよ」と答えた。夢の中で棺を持ち帰って居間に置き、母／祖母を心の中に持てたと感じた。彼女の母探しは終わった。[8]

神聖なる平凡さ

母との絆が傷つくと、平凡な物事に癒しを求めるようになる。皿洗いやトイレ掃除、庭の草むしりが神聖に感じられるのだ。地に足をつけ、自分を女神ヘスティアに重ねてみるといい。

「ヘスティアは大地や家庭の中心、個人の中心です。彼女はけっして自分の居場所を離れません。ですから、人々が彼女のところにやってきます」。[9] これは、私たち自身の心の中の場でもある。古代ギリシャにおいてヘスティアはかまどの火を守護する処女女神。かまどは家庭の中心にあるものだ。過酷な自然から人を守り、人々が集う。ぬくもり、安心、人とのつながりがヘスティアの力である。家庭や組織では「蜘蛛」のような存在だ。ネットワークを張り、細かなことを請け負い、一人ひとりの様子を把握する。

女が社会に出ると家庭のかまどは寂れ、あたたかな人間関係が持ちづらくなった。社会で女が軽視されると、家庭での女の価値もわかりづらくなる。かまどを忘れると、家を守る意識も薄くなる。女がかまどを離れたのは自分の身体の大切さを思い出すためだけではない。みんなの家、地球の価値を人類に思い出させるためにも必要だったのだ。[10]

自然やコミュニティーの中の癒し

人や自然とのつながりを見直す人が増えている。女どうしで交流し、いろいろなことを探求する場も多い。[11] 自力で母／娘の分離を修復するのは難しい。心の声がどこに向いているかを確かめるには、仲間の支えが必要だ。

その根本にあるのは世界を創った母神ガイアである。人生の旅に疲れた時は、ガイアの胸に抱かれるといい。「ガイアは母というより土である。人間の母にしてはあまりに大きく、遠すぎる」。[12] ガイアはあらゆる命を生んだ。懐が深く、私たち自身の豊かさに気づかせてくれる。命が辿る過程も見せてくれるから、いつ休み、いつ生めばよいかがわかるだろう。春に花が咲き、渡り鳥が北へ飛び、高く伸びた草に風が吹き、鮭が産卵するといったこと。冬至は休息の時だ。ゆっくり夢を温めればよい。

四季や月の満ち欠けを意識する人や、娘の初潮や自らの閉経を祝う母親たちも多い。自然を見つめ、様々な年齢の女たちに支えられ、不安を乗り越えるのだ。共に歌い、踊り、断食し、一人になって蛇や鷹、月と心の対話をし、物語に耳を傾ける。彼女たちは真実の道をひたむきに探す。命を尊ぶ心を求め、よりよい未来を夢見ている。

祖母の導き

女とは何かと思う時、人は祖母を思い出す。祖母は安心と滋養をくれるし、病めば手当てをしてくれる。知恵や活力、慈愛をくれる。女神ヘカテやヘスティア、蜘蛛のお婆さんのような存在だ。困ったことに直面すると、私たちは「老婆」的な存在に教えを乞う。

心理療法家フロール・フェルナンデスは二十代後半の頃、キューバにいる祖母パトリシアを思い出した。

「私は祖母に守られ、祖母のオーラに包まれて育ちました。祖母が祈祷やハーブ、儀式で人を癒すのを、私は興味津々に見ていました。祖母のような治療師はクランデラと呼ばれていて、私は祖母にいろいろなことを教えてもらいました。五歳の時にひどい嘔吐と下痢を起こすと、祖母はマル・デ・オホ（邪視。誰かに悪意をもって見つめられること）が原因だと言いました。

祖母は治療室に私を寝かせてキャンドルを灯し、呪文を唱えて祈りました。数分後に私は元気になり、友達と遊びに行きたくなりました。祖母は私を引き留めて精霊のガイドを呼び寄せ、護身の祈りの仕方を教えてくれました。

十五歳の時にキューバを離れてから、祖母やヒーリング・ワークのことをずっと忘れていました。そのような治療は、転居先の国では迷信とされていたからです。でも、二十八歳の時にとても苦しい時期があり、ふと祖母を思い出しました。自分のルーツも魂も失くしたようで、心が空っぽになっていたのです。

その頃、死と夢に関するワークショップに参加しました。リーダーの女性が祖母の顔のように見えて、心に電流が走ったように感じました。はっとして、そうだ、これを忘れていたんだ、と。その夜、祖母の夢を見ました。『お前を膝の上に座らせて、ハーブのことを話したろう？ 草に最も力がある時に摘むのだと。人とは何であるか、目に見えない力とは何かもずいぶん話したね。私があれほど時間を費やしたのは、お前が変わった子だったからさ。お前は私の教えを受け継げると見込んでいたからね。女の不思議な力のことを思い出しなさい』と祖母は言いました」。[13]

この夢がきっかけで、彼女はヒーラーになる決心をした。まず自分の身体を癒し、そのエネルギーを通して人にもヒーリングを施している。女性性を取り戻そうとする時、祖母の能力や才能を思い出す人は多い。

神話を創作する女

神話の創作は継続的になされるものだ。神話は人生を集約したものでなくてはならない。マーク・ショーラーの定義はこうだ。「神話とは体験を理解する過程で用いる手段。人生の出来事は平凡だが、神話の壮大なイメージはそれに哲学的な意味付けをしてくれる。それを読み取り、人は自分の体験を整理するのである。イメージはいわば神殿だ。それを言葉で表現したものが神話と言える。イメージがなければ体験は混沌としてまとまりがつかない。そこでイメージが求められるのである」。[14]

母や祖母は神話のような体験をさせてくれる。その機会がなければ自力で探さなくてはならない。だから、今でも古代の女神や力強いヒロインが求められるのだろう。女神に出会うにはギリシャ時代より前に遡らなくてはならない。考古学の調査により、女神は古代文明の礎だったことが明らかになっている。

そこで一九七〇年代以来、古代の女神像や象徴を示す作品が盛んに制作され始めた。「メアリー・ベス・エデルソン、キャロリー・シュニーマン、ミミ・ロベル、バフィー・ジョンソン、ジュディー・シカゴ、ドナ・バイアーズ、ドナ・ヘネス、ミリアム・シャロン、アナ・メンディエタ、ベッツィー・デイモン、ベティ・ザール、モニカ・スジョー、ハンナ・ケイといった女性芸術家は女神を通して新しい意識を表現した。父権的な価値観を払拭し、女性的な視点を用いている」。[15]

女性的な視点やパワーは乙女、母、老婆、蜘蛛、蛇、鳥、器、洞窟、聖杯、山、水、木々に表れる。文化に固有の女神も同様だ。ケリドウェンやリリス、コアトリクエ、観音、イエマヤ、ティアマト、アマテラスは創造主や保護者、破壊者の側面を表す。命を生み出すものを守り、つなぎ合わせることへの畏敬の念の表れだ。[16]

神話は大抵、インパクトのあるストーリーか何度も夢に登場するシンボル、あるいは集団儀式から発生すると、エステラ・ラターは述べている。[17]「ひとたび神話が出来上がれば理屈で否定するのは不可能に近い。神話を塗り替えるには、それに等しい説得力がある物語かシンボルが必要だ」。[18]

歪められたイメージを覆そうとする女たちは多い。たとえば旧約聖書のイヴにまつわるイメージだ。ロサンゼルスの芸術家ナンシー・アン・ジョーンズは自作の絵画について「不浄なイヴが原罪をもたらしたとか、アダムの肋骨からできたのだから添え物だという見方に異議を唱えたい。イヴがそうなら女はみなそうだと思われがちだから」と話している。[19]

「神話への挑戦Ⅲ」（71頁）は「シャトル大聖堂の床に刻まれた迷路と、その前に立つイヴ。キリスト教ができる前、シャトルは女神の聖地だった。旧約聖書が書かれる何世紀も前、女神は崇拝され、女の性も尊ばれていた。本来の力と尊厳を回復させたくて描いた」。[20] ジョーンズのような芸術家は創作を通し、自らの本質と向き合っている。

女神像の起源

女神のシンボルは出産への畏怖から生まれたのだろう。神聖な母のイメージだ。芸術家小田まゆみは第二次大戦中に日本で生まれ、一九六〇年代から出産を機に女神を描き始めた。米国がベトナム戦争に向かい、男児を産むのに不安を感じたからだ。当時の小田に女神の知識はなく、女神を描こうと思ったこともなかった。突然に思い浮かんだと言う。

「私は黒いインクを使ってエッチングをしていました。エッチングでは黒をたくさん使います。黒い種から大きな乳房の巨大な女が現れた感じで、『ビーナスの誕生』という題をつけました。それは私の女神の誕生でもありました」。[21]

以来、彼女は女神像を通して自分のいろいろな面を模索している。

「自分の怒りに気づいていなかった頃は穏やかな女神を描こうとしました。作品『女神様、私達に力を与えて下さい』の観音は剣を持つ慈悲の女神です。慈悲には情けだけでなく、断固とした面もある。私がしているダキニ天の行のダキニは女の怒りや戦士の面の表れです。でも、自分が怒っている間は近づけない。まず自分にやさしくすることが始まりです。私は怒りを超越したものを表現したい。死と向き合うためには二元性を超えなくてはなりません」。[22]

自然との関連で女神を描く芸術家も多い。ニューヨーク在住のバフィー・ジョンソンは八歳の頃から自然の中の女神像を描いてきた。「七十代になるまでずっと描いてきた題材ですが、七歳か八歳の頃、それとは意識せず描き始めました。当時、私はマサチューセッツ州ダックスベリーの親戚の家で暮らしていました。親戚は年取った船長で、あとは叔母と祖母も同居。その環境で、私はいろいろなポーズをした女性のイラストを四十枚描きました。太陽や月、星、北風、大地、空の精です」。[23]

彼女は三十代になるとグレート・マザーのイメージを探し始めた。自分が描く花に農耕の女神の存在を見出したからだ。「ある朝目覚めて『ああ、私は農耕の女神を描いているんだ。蕾や花、果実、さや、根っこの中に農耕の女神の姿が全部入ってる』と気づきました」。それから三十五年間女神のことを調べ続け、古代人の創作を見て感じたことを著書にまとめた。

「地球の環境が危ぶまれている今、私たち人間も危険な状態にあります。キリスト教的な考え方では自然は人間のために存在する。でも、実際は相互に関係しています。自然を支配するのではなく、私たちも自然も一体だと知るべきです」。[24]

暗い夢の女

夢の中に、強くて包容力のある女が出てくるケースがある。その女に支配者のような威圧感はなく、新しい生き方に気づかせるために現れる。夢の中で闇や死、破局や苦痛、激しい感情を体験する時、浅黒い肌の大柄な女が現れて元気づけ、新たな息吹を吹き込んでくれると言う。

ある人は四十代半ばで腎臓手術を受けた後、闇に下りる夢を見た。そこで「暗い夢の女」と出会い、心の傷が癒される。

「夢で地獄に下りていきます。私は赤いパーカーを着ています。生きている世界に戻りたい。周りは骸骨や悪霊だらけ。噛みつかれて肌が剥け、私も骸骨になって骨の間を歩いています。風が吹きつけ、私はからからに乾きます。そこは砂漠で、骸骨になった私はぼろぼろと崩れて塵になります。澄んだ水が一滴、その塵の山に落ちました。

浅黒い肌をした、アフリカかインドの女性が指で塵をかき混ぜ、ペースト状の泥にしました。そして私を作り直し始めます。まず膣から。私の身体は泣き始めます。最初から女として作られたのだとわかったからです。

完成した身体を見ると、今の私の身体と同じ。手術の痕もあります。乳房も同じで、育児の後でしぼんでいます。ああ、これが現世で生きる私の身体なんだ。私はまだ死んでいない。この身体でまだ生きて現世にいるんだ。別の場所に行くために作り替えられたのだ、と思いました」。

自意識や人生観が大きく変わる予兆のような夢である。暗い夢の女は明確なメッセージを持って現れたようにも思える。

私も最近、夢を見た。がりがりに痩せた黒い肌の女が私の家の台所に立ち、まな板の上でライムを転がしている。擦り切れた部屋着姿の女は少し疲れた目で私を見て、こう言った。「ねえ、仕事を探して世界中を旅してきたの。家で文章を書くことにしたわ。自分の言葉を見つけなきゃ」。

女の言葉

女性の気高さを絵画や映像、物語などで表現する人が増えた。共通言語のようなものも定着し、影響を受ける人の輪が広がっている。地球を母や売春婦、老婆にたとえる代わりに、スーザン・グリフィンは「姉妹」と呼んだ。親近感のある呼び方だ。

グリフィンは「この地球：私にとって彼女とは」という詩で地球を姉妹に見立て、

悲しみや共感、エロスを感じ合っている。読み手にも深い癒しをくれる詩だ。

中に入ると彼女は私のハートに突き刺さる。深めていくと私の内側が露わになる。芯に届くと私はわんわん泣いている。生まれた時から彼女を知っているけれど、彼女はまた私に物語を聞かせてくれる。それを聞くと新しいことに気づいて私は変わる。彼女のところに行くたび、私は生まれ変わるのだ。彼女に再生され、何度も洗われ、彼女の傷に愛撫され、全てが私たち二人の間で起きることだとわかる。そこにある音や、隠れて眠っているものがあるのもわかる。私は身体を彼女に近づける。身体で話すのは苦もないし、私自身を見失ったりしない。彼女は私と同じぐらい繊細だ。彼女の感受性がわかるし、彼女の痛みも、私の中に入ってくる痛みも感じられる。私は大きくなる痛みを両手でつかみ、口を開けて味わい、知る。彼女がどんなふうにして重みと渇きに耐え、飢えを乗り越え、生きながらえてきたかがわかる。この地球は私の姉妹。彼女の飾らない気品、静かな勇気が大好きだ。そして、どれほど私が愛されているかも、互いの力をすごいと感じているかも、私たちが失くしたものも、苦しんだことも、知っていることも。その美しさに私たちは驚嘆する。

私は忘れない。彼女は私にとって何なのか、私は彼女にとって何なのか。[25]

闇への回帰：マッドウーマンの訴え

この章の冒頭でマドンナ・コルベンシュラーグの言葉を引用したのは、おとぎ話の魔女や意地悪な継母、狂った女を見直さずにはいられないからだ。おとぎ話は通常、女の子（または男の子）の視点で語られる。小さな子供が家族や不思議な生き物、その他の人々と出会い、どう関係を結んでいくかが描かれる。よい扱いや悪い扱いを受けてどうするか、困難にどう対処するか、どうやってハッピーエンドに到達するかが描かれる。

継母や魔女、狂った女は子供に障害物を提示する。ずるくて残酷、嫉妬深くて欲張りで、大抵最後に報いを受けて死ぬ。『ヘンゼルとグレーテル』の魔女はオーヴンで焼かれ、『白雪姫と七人の小人』の継母は炭で焼かれた靴を履いて踊り死に、『オズの魔法使い』の西の悪い魔女は水に溶けて死ぬ。

おとぎ話は彼女たちの残忍さの背景を説明しない。だから私たちは「もともとそういう意地悪な人だったんだな」としか思わない。彼女たちの生い立ちは知る由もないが、たぶん強情でわがままで、父に溺愛されたに違いない。意地悪な継母とは子供視点の認識だ。自分の母が「完璧」でないから落胆し、よその母親はやさしいはずだと空想する。

だが、その空想を娘が解消し、母と和解する民話もある。いじめられた娘が狂った女（母親）を救い、自分の心を癒すのだ。語り部カスリーン・ザンデルから聞かせてもらった民話だが、以下、私がストーリーを紹介しよう。

昔、あるところに四人の娘を持つ母がおりました。利口でかわいい長女、次女、三女は母のお気に入り。でも、末娘は目立たない子でした。毎日、母は娘たちの食べ物を探しに外へ行きました。母の歌声が聞こえると、娘たちは「お母さんのお帰りだ」とわかりました。

私のかわいい娘たち、
長女、次女、三女、

さあおいで、ママのところへ。
四女のメスメランダは
お勝手口から出ちゃだめさ。

娘たちは外へ出て母に駆け寄りましたが、メスメランダだけは扉の陰にいました。母は三人の姉たちの夕食を作って楽しく一緒に食べ、残り物をメスメランダに投げ与えました。姉たちは元気に大きく育ちましたが、メスメランダだけは痩せっぽちでした。

家の外では狼がこっそり様子を見ていました。丸々太った姉たちはおいしそうです。狼は母の歌を真似して歌い、姉たちをだまして食ってやろうと考えました。狼は歌の稽古をし、母が出かけると家に近づいて歌いました。

私のかわいい娘たち、
長女、次女、三女、
さあおいで、ママのところへ。

四女のメスメランダは
お勝手口から出ちゃだめさ。

娘たちは出てきません。狼の声が低くて唸るようだったので、扉を開けなかったのです。狼はコヨーテに相談しました。「俺の声を高く、やさしくしてくれ」。コヨーテは「お返しに何をくれるんだい？」と聞きました。「娘のうちの一人をやるよ」。コヨーテは狼の声を変えてやり、狼は勇んで家に戻り、また歌いました。

私のかわいい娘たち、
長女、次女、三女、
さあおいで、ママのところへ。
四女のメスメランダは
お勝手口から出ちゃだめさ。

家から出てきた娘たちは狼につかまり、袋に入れられて持ち去られました。助かったのは扉の裏にいたメスメランダだけでした。
その後、母が歌いながら帰ってきました。

私のかわいい娘たち、
長女、次女、三女、
さあおいで、ママのところへ。
四女のメスメランダは
お勝手口から出ちゃだめさ。

誰も出てきません。母はまた歌いましたが、しんとしています。彼女はぞっとしました。すると、かすかな歌声が家の中から聞こえてきました。

ママ、あなたの娘たち、
長女、次女、三女は
耳が聞こえず、目も見えない。

行ってしまった、野を越え海を越え。

メスメランダはここにいる、だから私を見て下さい。


母が扉を開けると、お気に入りの娘たちはいませんでした。母は狂ったように走り、髪をかきむしりながら何度も歌いました。

空っぽの家を振り返り、メスメランダは外へ出ました。世界を旅してまわり、皇帝の息子と結婚しました。

何年も経ったある日のこと、髪をふり乱したみすぼらしい老女が転がるように歩いてきて、宮殿の門で歌うのが聞こえました。

私のかわいい娘たち、
長女、次女、三女は
耳が聞こえず、目も見えない
四女のメスメランダは
聞こえるでしょう、今、私は訪ねてきたよ。

通りすがりの人々は馬鹿にして笑いました。門番は追い払いましたが、老女は毎日やってきて歌いました。

私のかわいい娘たち、
長女、次女、三女は
耳が聞こえず、目も見えない。
四女のメスメランダは
聞こえるでしょう、今、私は訪ねてきたよ。

変な老女が娘のメスメランダを呼んで歌っている、という噂は皇后の耳に届きました。メスメランダは「知りません。私に母はおりませんから」と言いました。
ある日、メスメランダが庭園に花を植えていると、狂った老女が自分の名前を何度も呼ぶのが聞こえました。メスメランダが門を開けて顔を見ると、それは確かに母でした。彼女は母の手をとり、中に招き入れました。

「お母さん、姉さんたちは行っちゃった。でも私を見て。メスメランダよ。昔は嫌われていたからお勝手の陰でじっとしていたわ。でも、今、私はここにいる。お母さんを大事にするわ」。そして彼女は母をお風呂に入れて着替えさせ、髪を梳かしてやりました。

女性の力を取り戻す

メスメランダは母親を受け入れて世話をする。かつて自分を拒絶した母親は狂った女のキャラクターだ。捨てたものを拾い上げねば修復は終わらない。相手を憎んだままでは呪縛から抜け出せない。自分は冷遇された、価値のない人間だという意識は変わらないからである。見捨てられたままの自分を「身重の処女」とマリオン・ウッドマンは呼んでいる。「それは無意識の闇を通って意識に上る。銀山で鉛色の闇を掘り続けるのと似ている」。[26]

「母」（母親、祖母、おば、知人）がこぼした愚痴が幼い娘の無意識に影響を与えることは少なくない。「こうすればよかったのに」「本当はこうしたかった」「時間がなかった」「みんなを傷つけてしまうから」「我慢できない」「私には無理だわ」「頭が変になりそう」「他の人はどうしているのか知らない」「つらくて耐えられない」などという声は娘の足枷にもなる。

「つらくて耐えられない」という言葉は感情をシャットアウトすることにつながる。あるドイツ系米国人の母親は、人に自分の気持ちを言ってはいけないと娘に注意した。娘が友達と口論したことを話すと「そんな気持ちを持ってはだめよ」と叱った。感情を持つことに罪悪感を感じた娘は、心の闇を解決するのにこの刷り込みを克服せねばならない。どんなに怖くても、自分の本当の声を見つけなくてはならない。

ある四十代の人は親に聴覚障害があった。彼女は幼い頃から母を気遣い、通訳者や代弁者としてふるまった。自分のことを表現する時間はあまりなかった。「小さい頃から自分の存在感を消していました。そして、よく気がつく子でした。私のことを聞いてくれる人はいなかったので、ほしいものがあっても言わなかった。やがて自分でも何がほしいかわからなくなりました。この年になって、やっと、それではいけないと気づきました」。

母親の支えが受けられないと、娘は何でも自分でしようとする。アルコール依存症の親を持つ子供もそうなりがちだ。助けてもらった経験がないから、うまく人に頼れない。無力さを隠そうとして、自分で何でも完璧にやり遂げようとする。本当に自己の力を回復するには、まず人に頼ることを学ばねばならない。

私の母親にも狂った女の一面があった。私がそれを受け入れるのは難しい。なぜなら、私自身の中の狂った女も同時に受け入れなくてはならないからだ。母を素直に受け入れても、私が望むように愛してもらえはしない。彼女のことを「お母さん」とは呼べても、気軽に「ママ」と呼べない雰囲気があるのだ。それでも、母を拒絶したままでは先に進めない。

私は心の仲間を探すイメージエクササイズをした。鷲が思い浮かんだので、私を縛るものは何かと尋ねた。鷲はこう言った。

「あなたは自分の怒りに縛られている。お母さんを恨むのはやめなさい。それはあなたの言い訳だ。お母さんを許しなさい。鷲のような目で俯瞰してみれば、自分の心がちっぽけに見えるでしょう。箱の中のネズミでいるのはおやめなさい」。

Finding The Inner Man
With Heart

第九章

ハートがある男を探して

あなたの中の男と女は
ずっと戦っている
どちらも傷を負い
疲れ切り
手当てが必要だ
もう、そろそろ
両者を二つに分ける
剣を下ろす時

男性性の修復

中世ヨーロッパの聖杯伝説では青年パルジファルが聖杯を探す。聖杯とはキリストが最後の晩餐で使った女神の器である。パルジファルは聖杯城に忍び込み、漁夫王に出会う。王は性器か太腿に重傷を負っていた。聖杯の力で治せるかもしれないが、その威力は純粋な心を持つ人物が現れるまで発揮されない。秘められた言葉は「どうなさったのですか」だ。

この状況設定を私たちの精神にたとえてみよう。王とは支配する心だ。その心もまた漁夫王のように傷を負っている。パルジファルとは純粋な心だ。彼は「まったくの愚か者」と人々に言われるが、私たちも愚かな面を持っている。一人の人間の中に王の心もパルジファルの心も同居しているわけだから、バランスが崩れても気づかない。そこで必要なのが「どうなさったのですか」という問いかけだ。

人は理性が強く働くと、柔軟でいきいきとした輝きを失いがちになる。頭脳が身体の感覚を受けつけなくなるからだ。「エロス（性愛）を離れてロゴス（論理）に近づくほど、右脳より左脳の活動が強くなる。女性性や女神、聖杯など、言葉で表せない力から切り離されてしまう」。[1] 悲しみや孤独を感じても、その原因が内面の偏りとは気づきにくい。

ここで言う男性性も、性別問わず誰もが持つ性質を指す。男性性を暴走させれば人は闘争的で批判的、破壊的になる。冷淡で人間味に欠け、何が犠牲になろうと全てを前進させようとする。完璧と支配を求め続けるのだ。漁夫王は私たちの男性性が傷を負った姿のようにも見える。

聖杯が象徴する力も私たちの中にある。漁夫王の傷を治す聖杯は、自己の男性面の傷みを癒す女性面のようなものだ。伝説では、その聖杯は乙女の手にあるが、王にもパルジファルにもそれが見えない。「聖杯とその城、そして聖杯を守る者には魔法がかけられる。侮辱や強姦、襲撃といった乙女への不敬、聖杯の主権や愛への不適切な態度があるためだ」。[2]

私たちも心の中の聖杯に気づかない。目を開き、意識を広げなくては見えないのだ。支配的な王の傷は乾いて脆く、聖杯の潤いを求めている。緑が育たぬ場所は荒野である。パルジファルは聖杯や城、傷ついた漁夫王と出会っても「どうなさったのですか」と尋ねるのをすっかり忘れている。それを意識に上げなくてはならない。男性性を暴走させれば世界が危うくなる。石油タンカーが航路を外れて傾き、海を汚して回るようなものだ。

男性性が作る壁

前代未聞の力が

酔いどれ船を我々の母に打ちつける
重く黒い汚泥を母の肌に染み込ませ
私の夢に入ってくる
我々の意識を汚し
みな原油で酔っぱらう

五感を鈍らせ
目をそらし
スケープゴートを探す
海岸を掃除し
鳥の死骸を片付け
ラッコたちを檻に入れ
関係ないふりをする
また母を汚す日が来るだろう

母の痛みを感じる
無視され
利用され
資源を全て
人間のために掘り出され
人間の欲と傲慢は
蹂躙し
冒涜し
汚染するのだ
母の身体を

我々は気づくだろう
母を傷つけていることを
我々がすることはみな
他の全てに影響するということを

もう無視はできない
我々は木々であり土だということを
母を守らねばならない
我々の過ぎた行動から

一九八九年五月二五日、私はアラスカ州バルディーズから戻った。原油流出事件の被害者の子供たちを見舞ったのだ。それからずっと、パルジファルが問わなかったことについて考えている。

原油会社の言い分には呆れた。環境汚染や漁村の生活への影響を断固として否定していた。「今年の九月十五日までに原油の除去作業が終わる」「動物への被害は大きくない」「死者も出ていないのに遺族会を運営する理由がわかりかねる」。

彼らは嘘を織り交ぜ、環境破壊の甚大さを否定した。漁業が受けた打撃にも、海鳥やラッコの死骸が無残に打ち上げられたことにも全く同情を示さなかった。二十四万バレルの有害物質が海に流出したのに、広報部は自社の損失を最小限に食い止めることに腐心した。石油会社エクソンとアラスカ観光局は四百万ドルもの予算を広告に投じた。ほくろのないマリリン・モンローの隣に「よく見ないと気づかない」という文言が添えられていた。「絵は変わっても彼女の美は変わらない。アラスカも同じ。原油の流出で、絵の小さな部分は一時的に変わったかもしれない。だが、ここに来れば美は変わらないとわかるだろう」。[3]

ひどい否定の仕方である。男性性が危険なまでに傷ついた例だ。自分の立場を守りたい気持ちは誰だってある。その気持ちに支配されていることに、私たちは全く気づかない。自分の心や身体、夢や直感を疎かにすると、心の中の支配者が暴走する。

それを修復するには闇に光を当てるしかない。影の暴君を見つけて解放するのだ。エゴや金儲けへの執着を捨て、洗脳されてできた生き方からも脱却すべきだ。勇気や愛、人間性が要るし、時間もかかる。

ヒロインの課題は勝つことではない。受け入れることだ。自分の心の中で暴君になってしまった、愛されないでいる隠れた部分を。よく見もせずに放っておいた部分を。人生を振り返って真実を見つめ、あらゆる矛盾を検証せねばならない。誰の心にも、闇に潜む怪物がいる。エドワード・ウィットモントの言葉を借りれば「意識を保ち、葛藤の苦悩に耐え、それに身を任せること」[4]が必要だ。それがヒロインの仕事である。愛で世界を変えること――そのためには、まず自分自身を変えなくてはならない。[5]

マチズマの解放

サンタクルーズ山にみんなで合宿する前夜、夢でこんな声を聞いた。「マチズマを解放すれば女に戻れるよ」。マチズマなんて言葉は聞いたことがなかったが、きっと「私は頑張れる、私は強い、誰の助けも要らない、一人でできる」という態度を指しているに違いない。典型的なヒーローが言いそうなことである。

それは皮肉でおかしかった。というのも登山初日の朝から雨が降り、私たちは土砂降りの中で四日間、ハイキングを続けたからだ。適切な装備をしておらず、私は全力で頑張った。だが、夢で聞いたあの声は、西部劇『ローン・レンジャー』のようなマッチョな態度はやめろと訴えていた。

女の人生には選択に迫られる時期がある。恋愛や仕事、育児、友情、病気、加齢などに伴い、考える。中世のパルジファルと同じ問題を、しばらく考える時期が来るのだ。ひと月、あるいは一年かけて「どうしたの?」と自分に問うチャンスである。

社会に出る道を選んだ人には、そのままでストイックに歩き続ける選択肢と、過去に学んだことを今度は内面の女性性に生かす選択肢とがある。

もちろん、社会で活躍するのに男性的な資質は必要だ。「その人の個性を確立するには無意識だけでなく、意識の働きが必要だ。しっかりした自我が要る」。[6] ただ、その男性性はポジティヴな、ハートがある男でなくてはならない。強くやさしい男らしさこそ、女の疲れを癒し、女らしさを修復する支えになるのだから。ハートがある男を呼び起こすには、まず自分から、自分の女らしさを愛さねばならない。

聖婚

聖婚（ヒエロス・ガモス）とは、あらゆる正反対のものどうしが一体になることを指す。「聖婚は気づきをもたらす。前から魂の奥底で知っていたことを思い出すようなものだ。苦しみを避けずに進むなら、未解決の問題にも新たな展開が見出せるだろう」。[7]

聖婚とは自己と自我との結婚だ。ヒロインが心の中の男と女の部分を理解し、受け入れることである。ジューン・シンガーはこう書いている。

男性原理が目指すのは完璧、女性原理が目指すのは完全だと言った人がいる。完璧なものは完全にはなれない。完璧でない部分を捨てれば、完全ではなくなるからだ。逆に、完全なものは完璧になれない。完全とは善悪も正誤も希望も絶望も全て持ち合わせることだから。おそらく、完璧と完全の少し手前あたりでいるのがいいのだろう。もう少し、人生をあるがままに受け取る態度が必要かもしれない。[8]

『ガウェイン卿と貴婦人ラグネル』
マインラード・クレイグヘッド

正反対のものどうしが融合すると「聖なる子」が誕生する。それは新しい自分だ。両性を融合させて自立した存在に生まれ変わる。「神話にも『聖なる子』の誕生は描かれているが、人の個性化のプロセスを見ればわかりやすい。母親が息子を産めば自己の男性性を神聖な目で見直せる。娘を産めば、より核心的な体験をする。女として自己を見直し、完全な存在に近づける」とエリック・ノイマンは述べている。[9] 神話でも、魂（プシュケー）と愛（アモール）の結合から喜びという名の娘が生まれた。聖婚は正反対の者どうしを結びつけ、素晴らしい完全性を生み出す。

叡智がある女、ハートがある男

『ガウェイン卿と貴婦人ラグネル』は傷ついた男性性と歪んだ女性性が修復に向かう物語だ。叡智がある女とハートがある男が結ばれる。舞台は一四世紀イギリスの田舎である。[10]

晩夏のある日、アーサー王の甥ガウェインはおじや騎士たちと一緒に過ごしていた。そこへ、王が顔面蒼白で狩猟から帰ってくる。ガウェインは王の部屋まで付き添い、話を聞いた。

王は森で恐ろしい形相の巨漢の騎士に遭ったのだ。領地を奪われた復讐に来たという。だが騎士はその場で王を殺さず、一年後に同じ場所で会おうと言った――丸腰で来い。次の問いに正解すれば命は取らずに許してやる。その問いとは「女たちが一番ほしいものは何か」だ。

ガウェインは王を励まし、宮殿を回って答えを探し続けた。だが、一年近く経っても正解らしいものが得られない。王の不安は募った。

約束の日の数日前、王は一人で馬に乗り、エニシダとヒースの茂みを抜けて森へ向かった。そこへ巨大でグロテスクな風体の女が現れた。「背の高さと同じほど横幅があり、緑色の肌は斑点だらけ。髪は雑草のように逆立っている。顔はまるで獣のようだ」。[11] 女の名はラグネルといった。

ラグネルは巨漢の騎士の異母妹で、「もうすぐ約束の日なのに答えがわからないのでしょう。私は正解を知っている。ガウェイン卿が私の夫になってくれるなら教えてあげよう」と言った。王は驚き、それは無理だと叫んだ。甥にこんな醜女をあてがうわけにはいかない。

「私をあてがえとは言っていませんよ」と彼女はぴしゃりと言った。「彼が私との結婚に同意するなら正解を教える。そういう条件です」。[12] 彼女は翌日また同じ場所に来ると言い残して立ち去った。

王は悩んだ。自分の命が助かるとはいえ、甥を醜い女と結婚させるわけにはいかない。真っ青な顔で城に戻った王を見たガウェインは、何があったのかと尋ねた。重い口を開いて貴婦人ラグネルの言葉を伝えると、ガウェインは喜んで応じると言った。無理をするなと懇願する王に、ガウェインはこう答えた。「私が決めたことです。明日、私も一緒に行って結婚に同意します――彼女の答えで王の命が必ず救われることを条件に」。[13]

二人は貴婦人ラグネルに会い、話は決まった。翌日、王は一人で剣も持たずにイングルウッドの森へ赴いた。まず自分が用意した答えをいろいろ言うと、騎士は剣を振り上げ、王を斬ろうとした。その時、王は正解を口にした。「もう一つ答えがある。女が一番ほしいものは主権――自らの意思で物事を決める権利だ」。[14] 騎士は怒った。異母妹ラグネルの入れ知恵だと気づいたからである。彼は罵り声を上げて走り去った。

ガウェインはその日にラグネルと結婚した。祝宴の客たちは驚愕して黙り込んだ。宴を終えて新郎新婦が部屋に入ると、ラグネルは彼にキスを迫った。「ガウェインはさっと近づいてキスをした。身体を離して引き下がると、彼の目の前には灰色の瞳でほっそりとした乙女が静かに微笑んで立っていた」。[15]

ガウェインは驚き、何かの魔術かと用心しながら、わけを尋ねた。すると彼女は「異母兄に憎まれ、継母の魔法で醜い怪物に変身させられていたのです」。彼女を妻に迎える立派な騎士が現れれば魔法が解ける。ガウェインは、彼女がそこまで兄に憎まれた理由を尋ねた。

「反抗的で女らしくないからでしょう。私は自分の財産と人格を守るため、彼の命令を拒否しましたから」。[16] ガウェインは彼女の美しさに見とれたが、彼女はこう続けた。「どうぞお選び下さい、ガウェイン様。私はどちらでもかまいません。今の美しい姿で夜だけ過ごし、昼は醜い姿に戻るか。あるいは夜を二人で過ごす時だけ醜い姿、昼は美しい姿で人前に出るか。よく考えて選んで頂戴」。[17]

ガウェインは一瞬考えてからひざまずいた。彼女の手をとり、それは彼女にしか決められないことだと言った。どちらを選ぼうと彼女に従い、支える、と。ラグネルの表情はぱっと輝いた。「ガウェイン様、素晴らしい答えです。これで異母兄の呪いは完全に解けました。これが最後の条件だったの！　もし私がイギリスで最も偉大な騎士と結婚し、夫が私に選ぶ権利と自由意志で行動する権利を与えたら、呪いは完全に解けるのです」。[18]

これで、二人の結びつきは聖婚になった。意志が強いラグネルは継母に呪われたが、ガウェインに自由を認められた。王の命を救う力を持つラグネルと、そんな彼女の主権を認めるガウェインが結ばれ、癒しの愛が生まれるのだ。貴婦人ラグネルを聖杯の女神、ガウェイン卿を彼女のヒーラーで恋人とする説もある。

「聖杯の女神は季節と共にさらわれるヒロインで、月と農耕の女神でもある。醜い獣の姿から輝く美女に変身する、異世界への案内人」[19]とエドワード・ウィットモントは述べている。ウェールズではガウェイン卿がパルジファルに転じた説もある。どちらも謎めいた女性の領域に引き込まれる役どころだ。醜い女神を尊重すれば、彼女の豊かな水が再び飲める。[20]「生命の美や恐ろしさ、憎悪の力は深くて不思議な領域から流れてくる。女神の水を飲んでその力を感じると、エゴの強い欲求は消えていく」。[21]

女性性の力を癒す：ヒルデガルト

聖杯伝説のパルジファルは五年間、荒野をさまよう。試練を経て漁夫王の城に帰り、聖杯が求める質問をして王の傷を治す。王は安らかな眠りにつき、荒野は肥沃な地に戻る。このような気づきは私たちにも可能だ。そうしないと、世界は核廃棄物で荒野と化すだろう。

一二世紀、ビンゲンのヒルデガルトという預言者がいた。人間の大罪とは乾きと不毛であり、潤いと緑の回復が最も重要と説いた。彼女は修道院長や教師もしており、組織運営者で改革者でもある。緑豊かなラインラントで暮らし、作曲や芸術、詩作や癒しも行った。ヒルデガルトと聖杯の教えの共通点を、ジェーン・シノダ・ボーレンは次のように述べている。

> 潤いと緑は純粋さや愛、ハート、感情、涙に関連する。心が動けば身体が潤う——涙や体液、血液が流れる。崇高な体験を身体ですれば、身体は潤うものだ。また、潤いは地球に生命をもたらす。不毛を癒し、乾きを癒す。熱帯雨林の伐採を続ければ、我々は本当に乾いてしまうだろう。森をさまよったパルジファルは城に帰り、聖杯の力を見てそれを理解した。私たちもそうすべきだ。一端を垣間見るだけでも大きな意味がある。[22]

私の友人はエイズで亡くなった。やさしい教師だった。皮膚も内臓もカポジ肉腫に蝕まれると、彼は死を乾きからの解放と見るようになった。いつ死んでもいいや、そしたらどうなるのかなと彼は尋ねた。「身体が軽くなって、きれいな緑の草原を歩くのでしょうね」と私は言った。「豊かな緑がいっぱいで、とても楽な、潤いのあるところ」。

彼はにっこり笑い、「僕はからからに乾いているよ」と言った。「潤いをもらおう」。

聖なる結合の夢

聖婚を体験すると、女は父と出会う夢を見る。人間というより神のような男か、神秘的な青年のベッドに導かれる。結婚式やウェディング・ドレス、ベールが夢に出てきたり、新婚初夜の夢を見る。結婚式の靴や祝宴のイメージも表れる。

野獣や逞しいオスの動物と官能的に愛を交わす夢もあるだろう。ある人は『ナルニア国物語』に出てくるライオンのアスランと交わる夢を何度も見た。立ち会う証人はメスの熊だった。

四十代半ばのある人の夢には二十年前の婚約者が現れた。「星空の下、温かい海を裸で泳いでいると、彼が抱きしめてくれました。私たちはすっかり心を許し合っていました。彼は私を海から引き上げ、やさしく身体を拭き、白い絹の着物を着せてくれました。彼に手を引かれて山に登ると、あまたの小さな草花が星灯りで宝石のように光っていました。遠くに雌鹿がいたので、それに向かって草原を歩くと女の人がいました。古代の女性で、賢くやさしい人です」。

ライオンのアスランは作者C・S・ルイスがイエス・キリストの意識を表現したものだ。熊と鹿は古代の母神のシンボルである。これらの夢は、神聖な原理との結合を表している。

女神の中に愛を見出す人も多い。私たちが枯渇や絶望の淵にいる時、女神は様々な姿で現れる。ベティー・デ・ションング・メドーはこう書いている。

彼女は地球の熱い内核にいる飢えた鬼婆たちが集まってできたものだ。夢を見る者と性的に交わる黒い女。淫らで粗野であつかましく安っぽい。炎の部屋でイニシエーションを施す女司祭。夢見る者に欲情し、官能性を目覚めさせる。突然湧き上がる泉であり獣。掘り起こされるのを待つ穴。女の膝の上で仔に餌をやる野良猫。古いレコードプレイヤーから流れ出す蜂の群れ。[23]

この章の執筆中、私はこんな夢を見た。「私は女と添い寝している。そんなことは初めてで私は驚く。痩せた女は乳房も小さく、肌はなめらかで透けるようだ。女は私に身体を触れさせ、乳首にキスをさせる。オープンに誘いかけてくる。女の肌の温かさ、やさしさが心地よい。女の腹の上に覆いかぶさると欲情してきて、私の全てが震えだす。爪先から頭のてっぺんまでオーガズムに達して目が覚める。女はオシリスを生き返らせたイシスを思い出させる」。その夢を見た後、私は一日じゅう元気でセクシーでいきいきしていた。エロスに触れる夢は大切だ。

エロティックでスピリチュアルな作品を創作する詩人は少なくない。ダイアン・ディ・プリマの詩は次のようなものだ。

……あなたは丘、メサの形と色

あなたはテント、肌の山小屋、ホーガン
バッファローのガウン、キルト、編まれたアフガン
あなたは大釜、宵の星
あなたは海の上に姿を現し、闇の背に乗る
私はあなたの中に入って動く、宵の炎を灯す
私はあなたの中に手を入れてあなたの肉を食べる
あなたは私の鏡像で私の姉妹
あなたは霧深い丘の煙のように消える
あなたは私を馬の背に乗せて夢の森を駆けさせる
大きなジプシーの母、私はあなたの背に頭を乗せる

私はあなた
きっとあなたになる
あなたを見たことがある
きっとあなたになる
私はいつもあなただ

私はあなたになる……[24]

自分の中で二つの性質が融合すれば聖婚は成就する。聖婚とは「男の中の女性原理と私の中の男性原理が結ばれること」と詩人で仏教徒のアン・ウォルドマンも言っている。アンバランスな世界の修復には知識と活力の息吹きが必要だと述べ、トルコの現代詩人グルテン・アキンの詩を紹介している。

生きている人々と共に生きる
人々の息吹を吸い込んで
知識を彼らに吹き込む[25]

これこそ現代に生きるヒロインの仕事だ。呼吸をし、自らの本質を知り、人々に知識を吹き込んで癒すこと。二つの世界で女王になれば日々の暮らしの導き手になれる。深い学びが得られる。ヒロインは天地と冥界の女王である。人生を振り返り、人々を責めることから卒業する。人々はみな彼女の中にいる。ヒロインは旅で得た叡智を与え、女も男も子供たちをも変化させる。

Beyond Duality

第十章

二元性を超えて

誰もがどこかしら先祖と同じ
誰もがそうであるように
男の部分と女の部分がある。

——ヴァージニア・ウルフ

あなたの問題は
私の問題
私たちはとても違うと考えることが問題
問題は、どう感じ、受け取るかだ

——アン・ウォルドマン『二元性（歌）』

社会は二元性に価値を置き、作り出し、維持している。二極の間のどのあたりかで評価しようとする。あらゆる罪の裏に二元性という罪がある、とマシュー・フォックスは述べている。それは自己とも神とも接触を失うことだ。あなたと私、善と悪、自然と神聖なるものを分けることである。二元的思考では他者は自分の外にある。そして、他者を「もの」扱いし、もっとよくなれ、思い通りに動け、信用できない、自分のものになれと考える。猜疑心や混乱、誤った認識、蔑視や不信が生まれる。

あらゆる人の心身や自然界の汚染を招き、政治構造も蝕まれる。二元性は全てを階級化しようとするからだ。何がよくて何が悪いか、何が正しくて何が間違っているか、誰が仲間で誰がよそ者かで線を引く。精神と物質を分け、身体と精神を分け、アートとサイエンスを分け、善悪や生死、男女を分ける。痩せた者と太った者、若者と年寄り、社会主義者と資本主義者、リベラルと保守派を分ける。自分でないものは敵だ。そして傲慢にも、私たちは「正しい」とか、神や女神の名において、などと口にする。

分ければ貧富の格差ができる。国籍で分けるから宗教や認識の違いで争いが起きる。フェミニストが自分の責任をまっとうせずに男を批判する。男は女に感情的な苦しみを押しつけ、自分たちは変わろうとしない。強者が情報を操作し、言論を統制し、自分たちに「合わない」ものを排除し、世界に苦しみをもたらす。傲慢でいると「私たちはみんな一つ」で共存していることがわからない。

哲学者マルティン・ブーバーは『我と汝』で「私─それ」と「私─汝」の関係性

を説いた。「私─それ」の関係では他者を自分とは異なる「物」として測り、コントロールしようとする。他者の尊厳は見えていない。一方、「私─汝」の関係は他者の人格を認め、自分と同等とみなす。[1]

ブーバーいわく「汝」は支配できず、探しても見つからない。神の愛を通し、謎の中で出会う。汝とは聖なる体験だ。私が自分を尊重し、人に限らず動物や石、海にも尊厳を感じれば、それは「それ」でなく「汝」と呼べる。抑圧も支配もせず、汝の生き方を尊ぶ。

ベトナム人の仏教家ティック・ナット・ハンは二元性や自己の分離などあり得ないと説く。全ては相互につながり、内在し合うと言う。そのつながりを認識するには相手を理解し、相手の中に入らなくてはならない。外から見るだけでは不可能だ。

あなたは一人では存在できない。あらゆるものと内在し合っている。いっさいがそうなのだから、この一枚の紙もそうだ。この紙をじっと見れば、その中に浮かぶ雲がはっきり見えるだろう。雲がなければ雨は降らず、雨がなければ木は育たず、木がなければ紙は作れない。雲は紙が存在するために必要だ。雲がここになければ紙もない。だから、雲と紙は互いの中にあると言える。単独では空っぽに見えるが、宇宙のすべてが詰まっている。[2]

二元性は幻想だと彼は言う。「右があり、左がある。どちらか選べば、選ばなかった方を排除しようとするだろう。左なしに右だけが得られると思うのは幻想だ。悪なしに善だけを、男なしに女だけを、ゴミなしに薔薇を、ソビエトなしにアメリカを得ようとするのも幻だ」。[3]

男女の亀裂を修復する

男女の亀裂は財産と生殖行為から派生するかもしれないが、さらに宗教と政治が亀裂を深め、広げてきた。旧約聖書の創世記3：16には女が男を慕い、男が治めるとあり、父権制度を後押ししている。西洋の宗教は女が悪をもたらしたという見方に偏っている。楽園を追われたアダムとイヴの物語は四世紀のアウグスティヌスの時代以来、利用されてきた。なぜなら「帝国主義や奴隷制度、男性上位社会にとって都合がよい。人を分け隔て、他者を征服すべきと考えさせる。感情と思考、魂と肉体、個人の欲求と政治的役割、人間と地球や動物、自然を分けて戦わせる」とマシュー・フォックスは述べている。[4]

エレーヌ・パージェルスは著書を執筆中、「政治構造と制度、人間の本質の捉え方に宗教がいかに深く根ざしているか」、また、宗教がモラルに与える影響の大きさに衝撃を受けた。[5] 宗教が神を絶対視し、神の代理である為政者を高い位置に置けば、人は自分の道徳観で生きられなくなる。何もかも法律で定めるようになるだろう。人工妊娠中絶の選択が個人に許されなければ、制度に対する不満が募るのも無理はない。人はみな罪人で堕落していると言うなら、信頼もない。敵は敵にしか見えない。米ソが緊張関係にあった時代がそうだ。アメリカは軍備を減らす気がないじゃないかと批判を受けて、うっかり手を緩めてソビエトに裏をかかれるのはごめんだと反論する。「相手」を信頼するのは愚か者だ、負けたらどうするのだ、という考え方だ。

イエス・キリストの言葉――男も女も子供も、みな神に似せて作られた――は当時、非常に革新的だった。ローマ帝国では民の四分の三が奴隷か奴隷の子孫だった。キリストは奴隷たちに、神と共にあるのは皇帝だけではないと伝えたのだ。[6] あらゆる人が神と接点を持ってしまえば政治構造は崩壊する。だからキリストは処刑されたのだ。

社会でも家庭でも、父権制度では一人がトップに立つ。その一人が支配者で、あとは支配される者たちだ。支配者が権力を維持するにはパートナーを下の地位に置かねばならない。よって、支配者以外の人間は支配されて当然という考えが生まれる。二人の間の支配関係はシーソーのように、三者以上が関与すればピラミッドのようになる。[7]

それが職場なら、経営者がビジョンや経営方針を立てて社員を雇う。採用されるのはトップの要求にすばやく応える者だ。家庭でも、誰か一人の大人が権力を握り、その大人の要求や命令、気分に従って配偶者や子供たちが暮らす。子供が権力者として親を振り回すこともある。このようなピラミッド構造は軍隊やカトリック教会、企業や学校、組合などにあり、崩せないほど強固なことも多い。ロサンゼルスのある学校職員は「教員よりも墓を動かす方が簡単」と言っていた。

性差別をもたらすピラミッド構造の起源はキリスト教やユダヤ教ではなく、ローマ帝国にあるとメアリー・アン・チェイカは述べている。

今日のキリスト教徒は帝国主義から共同体の意識へ転換することが使命だとメリノール神学校のマーク・エリスは言う。帝国主義はピラミッド構造、共同体はサークル（円形）構造である。円の構造なら動きが容易だ。特定の犠牲者も生まれない。車輪のような形は「巡礼者たち」、共に旅をする人々にふさわしい。輪になれば皆の視点がわかり、しっかり見つめ合える。義務や責任を話し合うのも容易だ。[8]

円の視点

円は全てを包み、何も排除しない。円は女性の象徴で、子宮や器、杯に表れる。女は集団を作りやすい。交流や助け合いを好む。集まって裁縫やピクルス作りをしたり、共に公園で子供を遊ばせたりして助け合い、互いの成果を喜ぶ。「女はいつも輪を作る――強い者が上に立つより、同僚のように対等に向き合う」。[9]

リーアン・アイスラーは『聖杯と剣』（法政大学出版局、野島秀勝訳）で、マリア・ギンブタスの近年の発掘物を見る限り、古代社会の構造がピラミッドや刃ではなく、円か杯を基本モデルにしていたと考えられる、と述べている。[10] 征服者が権力を握るのではなく、共生を可能にするパートナーシップが見られるそうだ。紀元前七〇〇〇年から三五〇〇年の新石器時代、古代ヨーロッパの宗教と政治は複雑な構造だった。道具や装飾に銅と金を使い、原始的な文字を持ち、男女は平等だった。階級社会よりも温和だった。

トルコのチャタル・ヒュユクとハジュラル遺跡には、戦いや男性上位の痕跡がない時代が千五百年間続いたことが伺える。「社会は基本的に平等で、階級や性による上下関係があった形跡はない」。[11]

マリヤ・ギンブタスは古代ヨーロッパで知られる限りの墓地の埋葬品を調査し、新石器時代は男女平等の社会と結論づけた。「五十三の墓があるヴィンチャの墓地で、男女の墓に作りの差はほとんど見られなかった。社会における女性の役割は平等で、父権制度ではなかったことが明白だ。性別による上下関係はなかったようである」。[12]

彼らは母系社会、つまり子孫と相続が母親の系列で遡れる社会だったのではないか。母系社会では女が生活のあらゆる面で重要な役割を担う。「神棚や寺院、寺院の残骸の構造を見ると、女が女神や種々の祭祀の準備や実行を監督していたことがわかる。

祭祀道具や奉納品の製作には大変な労力が注がれていた……古代ヨーロッパで最も進んでいた創造物——現存する器や彫像など——は女の手仕事によるものだ」。[13] 旧石器時代の洞窟やアナトリアの平原、他の中近東の新石器時代遺跡で発掘された彫像は女神崇拝が生活の中心であったことを示している。当時の宗教儀式と女性的な像やシンボルを見れば、その地で中心的な位置を占めていたと推測できる。[14]

新石器時代の遺跡には武器や英雄、戦争や奴隷、砦の明らかな痕跡は見られない。その時代のもっと後に、残忍な神々を信仰するクルガン文化が侵攻した。それまで女神は世の中心だった——太陽、水、牛、鳥、魚、蛇、宇宙卵、蝶。命をみごもり、生む女神の像が神殿や家屋、壺や土像に彫られている。[15]「もし宗教画や彫像が十字架に磔となって死ぬ男でなく、生む女だったとしたら、生命の礼賛は——死や死への恐怖でなく——芸術でも社会でも優勢だったのだろう」。[16]

このような古代社会では神も人も一体だった。宗教とは命、命とは宗教だった。女神信仰では聖家族の長はグレート・マザーだ。人の子孫は母の系譜をたどり、母の家に住む。夫は妻の一族と同居した。[17] だが、それで母権制度になるわけではない。男女ともに女神の子であり「人間を二つに分けて上下をつけず、人の間にも優劣はない」。[18] 当時の社会はランキングよりリンク付け、支配よりパートナーシップが尊ばれた。

「インド・ヨーロッパ他の遊牧民、ステップの牧畜民に伝わる神話の世界に男女の二極分割は見られない。男女両性の原理が横並びで表現されている。青年や雄の動物の姿をした男神（しばしば女神と連れ添って登場する）はいきいきした女性の力を認め、補っているように見える。だが上下関係は見られず、男女の力が融合されている」とギンブタスは述べている。[19]

過去、様々な時代にパートナー社会があった。命を生む力が日常的に崇められ、祭祀にも性別間の格差は見られない。西ヨーロッパの旧石器時代の洞窟壁画やチャタル・ヒュユク、ハジュラル遺跡の古墳だけでなく、ミノア・クレタ文明やキリスト教グノーシス派、初期のケルト、北米先住民族、バリ島など多くの地域も同様だ。

神の二元性

多くの宗教では、最も崇高な存在は男女問わず両性具有であると作家ミルチャ・エリアーデは書いている。「神性がどんな形で表れようと、彼/彼女は究極の現実であり絶対的な力である。その現実、その力は（善悪、男女、その他）何物に制限されることもないだろう」。[20]

アステカ文明では性別による文法の区別がなかった。一つの原理が二つの性質を得て世界と人類が始まったと信じられていた、とマリー・リッチー・キーは書いている。「この至高の存在には男と女の顔があり、男も女も再生する能力があった。この至高の神はオメテオトルという。オメ＝二つ、テオトル＝神という意味だ」。[21]

キリスト教研究では、エレーヌ・ページェルスが西暦一世紀から四世紀までのグノーシス派の教典や一九四五年にエジプトの農民が発見したナグ・ハマディ文書を調べている。それらによると、イエスは神を母とも父とも呼んでいたことが伺えるそうだ。また、トマスによる福音書は、生みの両親マリアとヨゼフを神の母「聖霊」と神の父「真理の父」に対比させている。[22] 魂は母であり乙女、妻であり、天の父の対になる。フィリポによる福音書では処女懐胎を「全ての父と聖霊、二つの力の結合」[23] と言っている。聖母は神秘的な沈黙であり聖霊であり、また原初の思考、叡智ソフィアともされている。「全ての生き物を生んだ『最初の創世者』だけでなく、人類を導き、叡智を授ける者である」。[24]

女神の像は西暦二〇〇年までにキリスト教文化の主流から実質上姿を消したが、それ以前には女が教会で力を持っていた証拠がある。「ヴァレンティヌス派のようなグノーシス主義派では女は男と対等とされ、女性の預言者や教師、巡回伝道者、ヒーラー、神父、さらに司祭もいたようだ。[25] 全般的に当てはまることではないが、紀元一八〇年頃にグノーシス派と交流したアレキサンドリアのクレメンス神父は「男女は完全に平等で、同じ教えと同じ規律を受けている。『人間』とは男女を指し、キリストの名のもとで男女の区別はない」と記している。[26]

残念ながら、この考え方は二世紀の他の教会長らにはほとんど見られない。人も神学も男性的な階級意識が優勢であることは変わらなかった。「未来を創造する方に向かうか、退行的に破壊するかはアーキタイプや神話の本質でなく、態度や意識の程度によって決まる」。[27] クレメント神父の意識はアレクサンドリアの国際的な気風を背景に、エジプト社会の中でも教養が高い富裕層の間で培われたものだ。小アジアやギリシャ、ローマ、アフリカの教区や古代ガリアに散在する西洋のキリスト教の大多数にはほとんど影響力がなかった。[28]

ケルト系キリスト教

キリスト教の種は様々な土地に根を下ろして花開いた。初期ケルト文化は社会全体がスピリチュアリティーと生命の融合を目指していた。全ての生命は源から生まれ、目に見えない世界とも調和して機能すると考えた。ケルト文化に見られる三重螺旋は三女神の力を表している。魂、思考（超自然）、物質の三つの世界だ。自然界と魂の中に神を見出し、自然界は見えない世界への扉と考えられていた。

この、とても豊かな文化にイエス・キリストの教えが融合した。神秘を生き、異世界間を行き来する能力はイエスにもケルトの意識にもある。そのため、イエスの象徴はドルイドに広く受け入れられた。ケルト十字が表すのはキリストの死ではなく、二つの世界を行き来する能力だ。

ケルトのキリスト教は教義よりも個人が魂の存在を体験する方を重視する。そして魂の友と対話し、生き方に反映させる。魂の友とは主にスピリチュアルなアドバイザーだ。聖職者が組織的に権限を持つことはせず、階級制度もない。女性性や直感を尊び、官能的な体験を奨励した。官能は身体の叡智とし、肉欲を罪悪視しなかった。人は自由意志により、自然の中で生きる力を得ると説かれた。

ケルトは部族社会だ。散在する学びの集団の中に権威が存在し、修道院長はセラピストの役割を担った。これは禅の教えと非常に似ている。ケルトのキリスト教は魂に階級はなく、五層のエネルギーの相互作用で具現化するとした。鉱物、植物、動物、人間、天使の世界が相互に関連する。

私はスコットランドのアイオナ島でヴィヴィアン・ハルからケルト系キリスト教を学んだ。五層のエネルギーは非常に現実的だと思った。美しいアイオナ島は「とても薄い場所」、つまり二つの世界の間を行き来しやすく、目に見えない世界の存在を感じさせる場所だ。

ケルトのキリスト教教会は男女平等で、女も説教師としてブリテン諸島を回った。五世紀キルデアの修道院長、聖ブリギッドはベルテインの聖火を守り、十一人の子供たちもそれを継いだ。火は十一世紀まで維持されたが、ローマからの指示で消された。ローマ正教からの弾圧は受けたが、ケルト系キリスト教は女性や自然、神秘主義、直感を重視し続けた。女性と宗教の分離は大地と宗教の分離と捉えたからだ。千年間栄

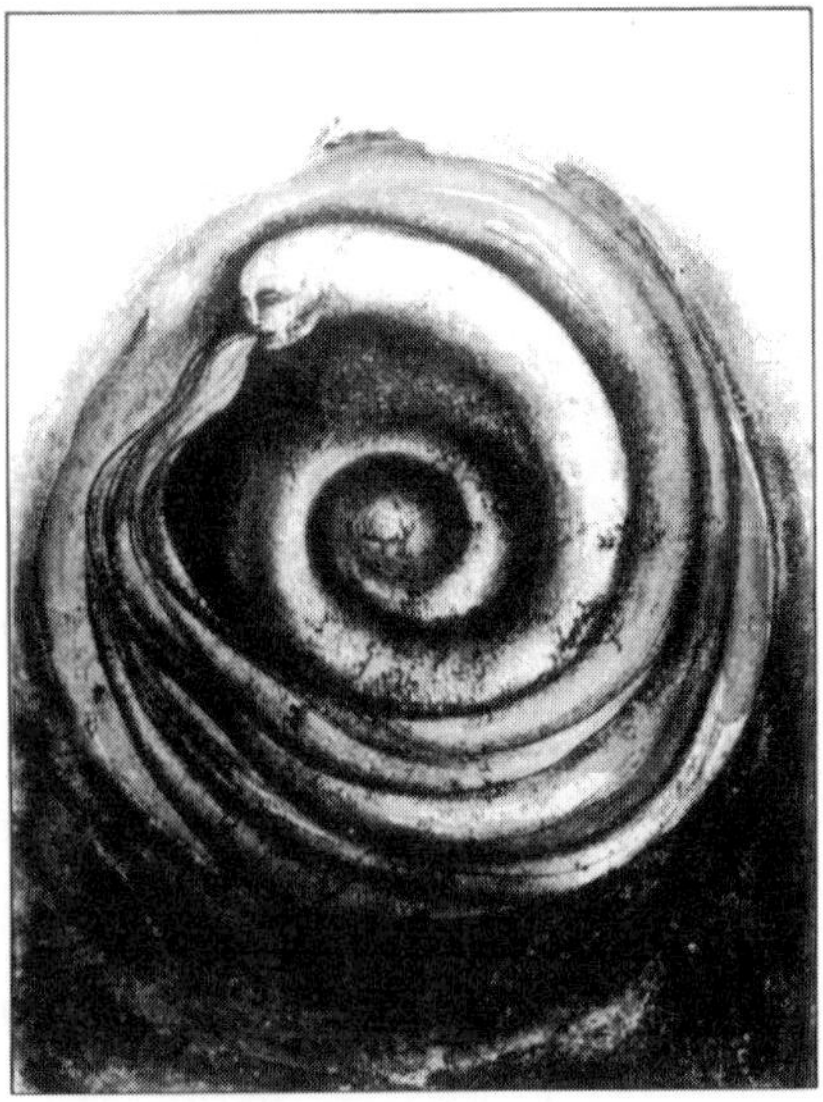

『Birthstone. At the Pool of Wonder: Dreams and Visions of an Awakening』から デボラ・コフ - チェイピンによる絵画。
©1989 by Marcia Lauck and Deborah Koff-Chapin.
複製掲載許諾 Bear & Company Publishing

えたケルト系キリスト教は今日また復活しつつある。私たちに「二つの世界の淵に住み、行き来する気はないか？」と問いかけてくる。[29]

世界は多くの変化に直面している。地球を一つの共同体とする人々も多い中、スピリチュアルなビジョンの回復が必要だ。物質と魂、身体と精神、自然と神聖、人間と神との相互関係を尊ぶ古代の教えが見直されている。マヤ文明やチベット仏教、北米先住民族や創造神話、女神信仰は、それを復活させるものだ。

生き方としての円

円は最も純粋で単純で、包括的な形だ。[30] 子供が初めてのお絵かきで描くのも円だ。自然界のサイクルを表す形でもある。調和し、癒し、変化を起こす。円には始まりも終わりもない。「何も除外されず、全てが収まり、プロセス全体を統合してみせる」。[31] 輪になって座ればみんながつながる。力の分かち合いが起き、一人のエゴが突出しない。みんな相互に円の関係を通してメッセージを受け取るから、一人ひとりのビジョンも変化する。円の中では魔法が起きる。円は与える腕と受け取る腕の抱擁だ。無償の愛を教えてくれる。

「原始の曼荼羅は円形の地上絵に違いない。その円から踏み出す者は、大地が星に歌う魔法の世界を進む。時の輪が戻り、魔法円がまた描かれる」。[32]

私は高校生たちと五日間の合宿をし、北米先住民がするような集会を開いたことがある。輪になって座り、順番に「トーキング・スティック」を回した。このスティック（杖）を持った人が話し、他のみんなはしっかり耳を傾ける。みんなで儀式の時空に入るのだ。

「男女の関係について思うこと」をテーマにした。激しい感情を引き起こしそうな話題だったが、話すうちに一人ひとりの態度が変化した。みんなの輪は変化を起こす車輪のようだと私は思った。心を開いて話し、聞くことができた。

ある女の子は父親から性的ないたずらをされており、男性一人ひとりに責任があると怒った。それを聞いた男の子たちは自分の怒りを口にした。一部の男たちが偉そうにするのは思慮に欠ける暴力行為だと言った。彼らと同類に見られたらと思うと不安だ、どうすれば彼らを止められるかわからなくて恥ずかしいと言い、現状への危機感をはっきりと表した。

女子の不安は日常的なセクシャル・ハラスメントや治安問題に向いていた。男子の不安は男らしくなれないことや身体面についてだ。また、性行為なしに女子と関わる方法がわからず、混乱している子もいた。女子はいつも外見で評価されるのが嫌だ。クラスで注目されるには男子よりずっとよい成績を取らなくてはいけない。男子は他の男子が女子に性的ないやがらせをした自慢話を聞くと不愉快だ。また、男女ともに卒業後、家族や友達と別れるのが寂しいと言った。

途中で泣き出す子も多く、緊張が高まる時も何度かあった。認識の食い違いが露わになると怒りのブーイングが起きる。男女はわかり合えない部分も多い。皆が黙り込み、共存なんて無理だという表情をする時もあった。人種や年齢、性別に対する偏見もあった。私たちは四時間かけて、二十四人の生徒と職員たちの話を一巡させた。杖を持つ人が話すと皆がしんと静まり返って聞き入った。輪を解散する頃には全員の意識が変わっていた。

その夜、私は夢を見た。蛇が輪の中央に這って行く夢だ。皆、動かずに黙って蛇を見つめた。蛇は一人ひとりをゆっくり見つめて回り、私のところに来ると長い時間じっと見た。たぶん私の心を覗き込んでいたのだろう。蛇は視線を落とすと何か言ったが、しばらく意味がわからなかった。蛇特有のシューッという音で「トランスフォーメーション（変化）」と言っていた。

集会は大きな希望をくれた。高校生が年上の者たちと輪になって座り、互いの気持ちや希望に耳を傾ければ、後輩たちもそれに続くだろう。慈愛と受容を学び、人に配慮をし、共につながることの価値を知るだろう。人はみな一つだと学ぶのだ。

人は一人ひとり違う。その違いを恐れずに理解するには、思いやりを持つことだ。女には世界を変える力があると私は思う。自らの女性性と男性性を修復すれば、地球の意識もきっと変わる。連帯と癒し、バランス、共存を重んじる意識へと。自分が知ったことを息吹に乗せて世界へ返し、均衡を回復させたい。私たちは巡礼者、みな共に旅をする。見えるものと見えないもの、全ての命を尊び、守るために学んでいる。
私たちの英雄的な力はそこにある。

おわりに

古びた物語は終わり、英雄譚は新たなパターンを見せている。「他者」を追いかけ、地位や富を求め、一躍注目されて忘れ去られるストーリーとは違う。それは女性の身体／魂にとって犠牲が大きすぎるのだ。母なる地球の細胞構造にも同じことが言える。

現代のヒロインは過去の遺物を刀で断ち切り、自らの魂が命じる道を行く。母への怒りを鎮め、父への非難と妄信をやめ、自分自身の闇と対峙すべきだ。受け入れるべきは自分の影である。瞑想や芸術、詩や演劇などで暗い闇に光を当てる人もいる。あるいは、土を掘る人も。

ヒロインという言葉の意味はいろいろで、描かれる姿も多様だ。王子様の助けを待つ乙女もいれば、戦場の空を飛んで隊列を率いるワルキューレもいる。砂漠で骨に色を塗り続ける孤高のアーティスト、インドの救貧院で癒しを施す修道女、仕事鞄と哺乳瓶を手に日々を頑張るワーキングマザー。昔の女性像を塗り替えてきた人々だ。

今日のヒロインは自己の内側から金や銀を掘り出す人だ。崇高な女らしさを取り戻し、叡智がある女とハートがある男の両面を発揮する。思考だけでなく、身体も魂も大事にすれば、自身と世界の亀裂が埋められる。これまでにない方法でヴィジョンを語り、節度を保つ強さを手に入れる。地球の生命を守って暮らす、人間の元々のあり方を思い出させてくれる。


女たちは機織り人。命の網を守るため、男と子供を織り結ぶ。

女たちはクリエイター。若い命と子供たちの夢を生む。

女たちは癒し人。身体と血液、魂の神秘を知っている。それらはみな一体だから。

女たちは愛する人。女や男、子供、動物や木々を抱いて耳を傾ける。彼らの栄光も悲しみも受け止める。

女たちは錬金術師。女性性の破壊や暴力の根をあばき、文化の傷みに変える。

女たちは地球の魂の守り人。闇を恐れず、見えない世界を尊重する。

女たちはダイバー。心安らかで素晴らしい命が宿る神秘の世界に潜る。

女たちは歌い手でダンサー、預言者で詩人。人生の旅で自分が誰かを思い出し、母神カーリーを呼び起こす。

カーリーよ、来たれ
暴力と破壊を私たちは敬う
お助け下さい、闇を光に晒せるように
痛みと怒りをすくい上げ
その正体が見えるよう——
わずかな痛みに震える愛の輪
激しい飢えをあるべき場所へ
創造行為の範囲の中へ
憎しみと愛とのバランスを
荒ぶる力で作って保つ

お助け下さい、常に希望が持てるよう
魂を植え育てる人々は

闇がなければ
何も生まれないと知っている
光がなければ
開く花がないように

私の中に根を下ろしたまえ
闇のカーリー
畏怖を呼ぶ力 [1]

訳者あとがき

本書『ヒロインの旅（原題：The Heroine's Journey』）が世に出たのは一九九〇年六月。女性性の本質と成長過程を説き、今日でも多くの本に引用される重要な一冊です。以前に翻訳させて頂いた『新しい主人公の作り方』と『世界を創る女神の物語』（共にフィルムアート社）の著者たちも大きな影響を受けており、編集者二橋彩乃さんより「ヒロインシリーズの第三弾はぜひ『ヒロインの旅』で」とお声を頂き、刊行の運びとなりました。

第一弾の『新しい主人公の作り方』は映画の脚本構成術とストーリー分析に特化した本ですが、本書は一転「冥界下り」「無意識」といった用語やポエムのような夢の記録、セラピーの事例などが登場。スピリチュアルな色合いも濃く、戸惑われた方もいらっしゃるかと思いますが、作業を終えた今、私の人生観は大きく変わり、いろいろな物語を新たな視点で読み取る力がついたように感じます。ヒロインは〈本当の自分〉になるべく真実の剣を振るうもの。私もそれに倣って本書の真髄をわかりやすく、また、時を経た今も違和感なくお読み頂けるよう、いつも以上に訳文をスリムにさせて頂きました。どうぞお許し頂きたいと思います。

心理学エッセイ的な内容ではありますが、女性性／男性性の考察はさまざまな創作に役立ちます。オーディエンスの立場としても、両性の本質とメカニズムを知れば豊かな鑑賞体験や解釈ができるでしょう。私も試しに何本かの映画を見直してみました。

『テルマ&ルイーズ』（一九九一）は二人のヒロインがどんどん追い詰められていく話です。その旅路には官能性の開花や女神カーリーのような憤怒が、また二人を保護しようと尽力する男性刑事には女性的な慈悲の心が見え、破滅的なストーリーに希望が添えられていることがわかります。暴君のような男性性を見せる人物たちも登場します。読者の皆様には「ああ、彼のこの態度がそうか」と頷いて頂けることでしょう。

『グッド・ウィル・ハンティング／旅立ち』（一九九七）は主要人物の大半が男性ですが、ロビン・ウィリアムズ演じる心理療法家には命をいつくしむ女性性、マット・デイモン演じる主人公や友人、教授たちの葛藤には男性性のいろいろな出方が見てとれます。『プレシャス』（二〇〇九）のテーマはまさに「母／娘の分離」です。未見の方は、どうぞ心してエンディングの母の語りをお聞き下さい。本書の内容をそのままドラマ化したかのような奥深さで、私は身体の中から震えるように感じました。

ペドロ・アルモドバル監督作品『トーク・トゥ・ハー』（二〇〇二）には長く昏睡状態にある女性を献身的に介護する男性看護師と、似たような境遇に陥った男性ジャーナリストが登場します。人物たちを外側から眺めれば、意識のない女を一方的に愛し続ける男の狂気の物語に見えるかもしれません。しかし、声も出せず、眠ったままの恋人を「傷つき、感覚を失った女性性（あるいは漁夫王が表すような男性性）」、意識不明の恋人の姿に困惑するジャーナリストを「病や死＝敗北や絶望と捉えがちな、硬直した男性性」、何も反応しない相手に語り続け、愛し続ける看護師を「癒しをもたらす女性性」や「究極の形として聖婚を求める男性性」の象徴と捉えると、どうでしょう？　昏睡状態の女性も日が経てば髪や爪が伸び、生理がきます。彼は彼女の身体を拭き、着替えさせ、洗髪やネイルケアを施します。死のように見える休眠状態をもありのままに受け入れ、生命のサイクルに従って変わり続ける身体をケアし、魂ある存在として愛し続ける——そう考えると、彼の行為は神聖で純粋な女性性の表現のようにも見えてきます。その姿は徐々にジャーナリストの生き方にも影響を与え、変化の予感を感じさせて映画は終わります。女性的／男性的な愛が生む力を静かに、衝撃的に描いた作品で、私は今も深い余韻を感じ続けています。皆様も映画や小説、アニメや漫画などで面白いご発見があれば、ぜひお聞かせ頂けたらと思います。

本書の刊行に際し、ジャンルや既成概念の枠を越えて刺激的な書籍を次々と送り出しておられるフィルムアート社の皆様をはじめ、多くの方々にお力添え頂きました。デザイナーの小林剛さんには女性性の中にある潔さ、力強さをシンプルな装丁で表現して頂きました。深く御礼申し上げます。また今回は特別に、末娘を産んですぐ世を去った私の祖母と、得られなかった愛を探し続ける私の母・和子へ。何歳になってもヒロインの旅を始めるのに遅くはないよ。そして、病を抱えてなお男の意地を貫く桃君へ。私がイシスの嘆きやカーリーの憤怒に目覚めたのも、あなたの稀有な男らしさのおかげです。私の傷もあなたの傷も、そして全ての人の心の傷も、果てないやさしさの水をたたえた聖杯の力で癒えますように。

二〇一七年三月二十八日　　シカ・マッケンジー

クレジット

次に挙げる詩とその作者、出版社に心から感謝申し上げる。本書に引用、掲載するにあたり、著作権者からの許諾を取得するよう最大限の努力をさせて頂いた。

Janine Canan: "Inanna's Descent," from *Her Magnificent Body, New and Selected Poems* by Janine Canan, ©1986 by Janine Canan, reprinted by permission of Manroot Books.
Julia Connor: "On the Moon of the Hare," from *Making the Good* by Julia Connor, ©1988 (Tooth of Time Press), reprinted with the author's permission.
Diane Di Prima: "Prayer to the Mothers," from *Selected Poems 1956-1975* by Diane Di Prima, ©1976, reprinted with the author's permission. "Ave" from *Loba, Parts* 1-8 by Diane Di Prima, ©1978, reprinted with the author's permission.
Susan Griffin: Excerpt from *Like the Iris of an Eye* by Susan Griffin, copyright ©1976 by Susan Griffin. Reprited by permission of Harper & Row, Publishers, Inc., and the author. Excerpt from *Woman and Nature: The Roaring Inside Her* by Susan Griffin, copyright ©1978 by Susan Griffin. Reprinted by permission of Harper & Row, Publishers, Inc., and the author.
Erica Jong: Excerpt from "Alcestis on the Poetry Circuit," from Half-Lives by Erica Jong. Copyright ©1971, 1972, 1973 by Erica Mann Jong. Reprinted by permission of Henry Holt and Company, Inc.
Rhett kelly: "Lot's wife" by Rhett Kelly, ©1989 by Rhett Kelly. Reprinted with the author's permission.
Marge Piercy: "For Strong Women" from *Circles on the Water: Selected Poems of Marge Piercy,* ©1982 by Marge Piercy. Reprinted by permission of Alfred A. Knopf.
May Sarton: The lines from "The Invocation to Kali" are reprinted from *A Grain of Mustard Seed, New Poems by May Sarton,* ©1971 by May Sarton. Reprinted by permission of W. W. Norton & Company, Inc.
Anne Waldman: Excerpt from "Duality" by Anne Waldman, ©1989 by Anne Waldman, used by permission of the author.

図版

"Gorgon," after Temple of Veii, Museo di Villa Giulia, 500 B.C. Illustration by Sandra Stafford, ©1989.

"Birth of Athena," after detail of bronze bands on shield, 580-570 B.C., National Museum, Athens. Illustration by Sandra Stafford/Ron James, ©1989.

Challenging Myth III, painting by Nancy Ann Jones, ©1986.

"Cathy," cartoon by Cathy Guisewite, copyright ©1989, Universal Press Syndicate. Reprinted with permission. All rights reserved.

"Mistress of the Beasts," after detail of painting on a terracotta amphora, Boetian, seventh century B.C., National Museum, Athens. Illustration by Sandra Stafford, ©1989, from photo by Martha Walford.

"Sheela-na-gig," after carving on church of St. Mary and St. David, Kilpeck. Illustration by Sandra Stafford, ©1989.

Mother and Daughter, painting by Meinrad Craighead from *The Mother's Songs: Images of God the Mother*, copyright ©1986 by Meinrad Craighead. Reproduced with permission of Meinrad Craighead and Paulist Press.

"Gawain and Lady Ragnell," illustration by Sandra Stafford, ©1989.

Birthstone, painting by Deborah Koff-Chapin from *At the Pool of Wonder: Dreams and Visions of an Awakening*, copyright ©1989 by Marcia Lauck and Deborah Koff-Chapin. Reproduced with permission of Bear & Company Publishing.

参考文献

書籍

『マンダラ』（ホセ＆ミリアム・アーグエイエス著、中村正明訳、青土社）

Birkhauser-Oeri, Sibylle. *The Mother: Archetypal Image in Fairy Tales*. Toronto: Inner City Books, 1988.

Boer, Charles, trans. "The Hymn to Demeter." *Homeric Hymms*. 2nd ed. Rev. Texas: Irving, 1979.

『女はみんな女神』（ジーン・シノダ・ボーレン著、村本詔司・村本邦子訳、新水社）

『我と汝・対話』（マルティン・ブーバー著、田口義弘訳、みすず書房）

Budapest, Zsuzsanna. *The Holy Book of Women's Mysteries*. Berkeley: Wingbow Press, 1989.

—— *The Grandmother of Time*. San Francisco: Harper & Row, 1989.

『千の顔をもつ英雄』（ジョゼフ・キャンベル著、平田武靖・浅輪幸夫監訳、人文書院）

—— 『神話の力』（ジョーゼフ・キャンベル、ビル・モイヤーズ著、飛田茂雄訳、早川書房）

『鏡の国のアリス』（ルイス・キャロル著、高山宏訳、東京図書）

Chermin, Kim. *Reinventing Eve*. New York: Herper & Row, 1987.

Chester, Laura, and Barba, Sharon, eds. *Rising Tides: 20th Century American Women Poets*. New York: Washington Square Press, 1973.

Christ, Carol P. *Laughter of Aphrodite*. San Francisco: Herper & Row, 1987.

Clift, Jean Dalby, and Clift, Wallace B. *The Hero Journey in Dreams*. New York : Crossroad Publishing Co., 1988.

Dallett, Janet O. *When the Spirits Come Back*. Toronto: Inner City Books, 1988.

Downing, Christine. *The Goddess*. New York: Crossroad Publishing Co., 1981.

Edinger, Edward F. *Ego and Archetype*. Putnam's/Jung Foundation, 1972.

『聖杯と剣：われらの歴史、われらの未来』（リーアン・アイスラー著、野島秀勝訳、法政大学出版局）

Fox, Matthew. *Original Blessing*. Santa Fe: Bear & Company, 1983.

『セカンド・ステージ　新しい家族の創造』（ベティ・フリーダン著、下村満子訳、集英社）

『古ヨーロッパの神々』（マリヤ・ギンブタス著、鶴岡真弓訳、言叢社）

Green, Roger L. *Heroes of Greece and Troy*. New York: Walck, 1961.

Griffin, Susan. *Like the Iris of an Eye*. New York: Harper & Row, 1976.

—— *Woman & Nature: The Roaring Inside Her*. New York: Harper & Row, 1978.

Hall, Nor. *The Moon and the Virgin*. New York: Harper & Row, 1980.

Hammer, Signe. *Passionate Attachments: Fathers and Daughters in America Today*. New York: Rawson Associates, 1982.

Hildegard of Bingen. *Illuminations of Hildegard of Bingen*. Commentary by Matthew Fox. Santa Fe: Bear & Company, 1985.

Johnson, Buffie. *Lady of the Beasts*. San Francisco: Harper & Row, 1988.

『She　神話に学ぶ女の生き方』（ロバート・A・ジョンソン著、菅靖彦・浦川加代子訳、青土社）

『神話学入門』（カール・ケレーニイ、カール・グスタフ・ユング著、杉浦忠夫訳、晶文社）

Klein, Mina C., and Klein, H. Arthur, *Käthe Kollwitz: Life in Art*. New York: Schocken Books, 1975.

『眠れる森の美女にさよならのキスを：メルヘンと女性の社会神話』（マドンナ・コルベンシュラーグ著、野口啓子、橋本美和子、野田隆訳、柏書房）

Lauter, Estella. *Woman as Mythmakers: Poetry and Visual Art by Twentieth-Century Women*. Bloomington:

Indiana University Press, 1984.
Leonard, Linda Schierse. *The Wonded Woman.* Boston: Shambhala Publications, 1982.
『理解のこころ：私の般若心経』（ティック・ナット・ハン著、ピーター・レビット編、武田智亨訳、東京図書出版会）
Luke, Helen M. *Woman, Earth and Spirit: The Feminine in Symbol and Myth.* New York: Crossroad Publishing Co., 1981.
Markale, Jean. *Women of the Celts.* Rochester, Vt.: Inner Traditions International, 1986.
Moon, Sheila. *Changing Woman and Her Sisters.* San Francisco: Guild for Psychological Studies, 1984.
Murray, Henry A., ed. *Myth and Mythmaker.* Boston: Beacon Press, 1960.
『アモールとプシケー』（エリック・ノイマン著、河合隼雄監訳、紀伊國屋書店）
——『グレート・マザー：無意識の女性像の現象学』（福島章訳、ナツメ社）
Pagels, Elaine. *The Gnostic Gospels.* New York: Vintage Books, 1981.
Paris, Ginette. *Pagan Meditations: The Worlds of Aphrodite, Artemis and Hestia.* Dallas: Spring Publications, 1986.
Pearson, Carol. *The Hero Within.* San Francisco: Harper & Row, 1986.
Pearson, Carol, and Pope, Katherine. *The Female Hero in American and British Literature.* New York: R. R. Bowker Co., 1981.
『神話にみる女性のイニシエーション』（シルヴィア・B・ペレラ著、山中康裕監修、杉岡津岐子、小坂和子、谷口節子訳、創元社）
Phelps, Ethel Johnson. *The Maid of the North: Feminist Folk Tales from Around the World.* New York: Holt, Rinehart, and Winston, 1981.
『女から生まれる　アドリエンヌ・リッチ女性論』（アドリエンヌ・リッチ著、高橋茅香子訳、晶文社）
『ミステリアス・ケルト：薄明のヨーロッパ』（ジョン・シャーキー著、鶴岡真弓訳、平凡社）
Starhawk, *Dreaming the Dark: Magic, Sex and Politics.* Boston: Beacon Press, 1982.
Stone, Merlin. *Ancient Mirrors of Womanhood.* Boston: Beacon Press, 1979.
——*When God Was a Woman.* San Diego: Harcourt Brace Jovanovich, 1978.
『ユングのタイプ論：フォン・フランツによる劣等機能／ヒルマンによる感情機能』（M-L. フォン・フランツ、J．ヒルマン著、角野善宏監訳、今西徹、奥田亮、小山智朗訳、創元社）
Walker, Barbara G. *The Skeptical Feminist.* San Francisco: Harper & Row, 1987.
——『神話・伝承事典：失われた女神たちの復権』（バーバラ・ウォーカー著、山下主一郎ほか共訳、大修館書店）
Weigle, Marta. *Spiders and Spinsters: Women and Mythology.* Albuquerque: University of New Mexico Press, 1982.
Whitmont, Edward C. *Return of the Goddess.* New York: Crossroad Publishing, 1988.
Woodman, Marion. *The Pregnant Virgin: A Process of Psychological Transformation.* Tronto: Inner City Books, 1985.
Wynne, Patrice. *The Womanspirit Sourcebook.* San Francisco: Harper & Row, 1988.
Young-Eisendrath, Polly, and Wiedemann, Florence. *Female Authority: Empowering Women through*

Psychotherapy. New York: Guilford Press, 1987.

記事

Fleming, Patricia C. "Persephone's Search for Her Mother." *Psychological Perspectives.* 15, no. 2 (fall 1984): 127-47.
Jenks, Kathleen. "'Changing Woman': The Navajo Therapist Goddess." *Psychological Perspectives* 17, no. 2 (fall 1986).
L'Engle, Madeleine. "Shake the Universe." *Ms magazine.* July/August 1987.
Mackay, Kathy. "How Fathers Influence Daughters." *Los Angeles Times,* 6 April 1983.
Meador, Betty DeShong. "Uncursing the Dark: Restoring the Lost Feminine." *Quadrant* 22, no. 1 (1989): 27-39.
Murdock, Maureen. "Changing Women: Contemporary Faces of the Goddess." *Women of Power* 12 (winter 1989).
Rothenberg, Rose-Emily. "The Orphan Archetype." *Psychological Perspectives* 14, no. 2 (fall 1983)
Schmidt, Lynda W. "How the Father's Daughter Found Her Mother." *Psychological Perspectives* 14, no. 1 (spring 1983): 8-19.
Singer, June. "A Silence of the Soul: The Sadness of the Successful Woman." *The Quest* (summer 1989).
Travers, P. L. "Out from Eden." *Parabola,* 11, no. 3 (August 1986).
Waldman, Anne. "Secular/Sexual Musings." *Vajradhatu Sun* 10, no. 6.
Wilshire, Donna W. and Wilshire, Bruce W. "Gender Stereotypes and Spatial Archetypes." *Anima* 15, no. 2 (spring equinox 1989).

詩

Connor, Julia. "On the Moon of the Hare." *Making the Good.* Santa Fe: Tooth of Time Books, 1988.
Di Prima, Diane. "Prayer to the Mothers." In Chester, Laura and Barba, Sharon, eds. *Rising Tides.* New York: Washington Square Press, 1973.
Jong, Erica. "Alcestis on the Poetry Circuit." *Half-Live.* New York: Holt, Rinehart & Winston, 1973.
Piercy, Marge. "For Strong Women." In *Circles on the Water: Selected Poems of Marge Piercy.* New York: Alfred A. Knopf, 1982.
Waldman, Anne. "Duality (A Song)." Fast Speaking Music, BMI, 1989.

注釈一覧

イントロダクション

1. 一九八一年九月十五日ニューヨークにて著者によるジョゼフ・キャンベルのインタビュー。
2. Anne Truitt, *Daybook: The Journal of an Artist* (New York: Penguin Books, 1982), p. 110.
3. 『千の顔をもつ英雄』(ジョゼフ・キャンベル著、倉田真木・斎藤静代・関根光宏訳、早川書房)
4. キャンベルのインタビューより。
5. 同
6. Starhawk, *Dreaming the Dark*, p. 47.
7. Madeleine L'Engle, "Shake the Universe," pp. 182-85.
8. Rhett Kelly, "Lot's wife," 1989.

第一章

1. Harriet Goldhor Lerner, *Women in Therapy*, p. 230.
2. Polly Young-Eisendrath and Florence Wiedemann, *Female Authority*, p. 4.
3. 『千の顔をもつ英雄』(ジョゼフ・キャンベル著、倉田真木・斎藤静代・関根光宏訳、早川書房)
4. 「女らしさ」および「男らしさ」とは男女問わず誰もが持つ性質の側面を指す。実際の性別を限定的に指す表現ではない。西洋文化における解釈は歪められ、「feminine(女性的)」という形容詞は女性/弱さ、「masculine(男性的)」という形容詞は男性/強さと受け取られがちである。これらの言葉はあらゆる人に内在する特質を指すべきである。女性の成長過程の旅はこれらの言葉に縛られずに自身のあり方を模索するものだ。
5. Sibylle Birkauser-Oeri, *The Mother*, p. 14.
6. Lerner, *Women in Therapy*, p. 58.
7. Carol Pearson and Katherine Pope, *The Female Hero in American and British Literature*, p. 105.
8. Ibid.
9. Kathie Carlson, *In Her Image: The Unhealed Daughter's Search for Her Mother* (Boston & Shaftesbury: Shambhala Publications, 1989), p. 55.
10. Pearson and Pope, *The Female Hero*, p. 120.
11. Young-Eisendrath and Wiedemann, *Female Authority*, p. 45.
12. Ibid., p. 24.
13. 『女から生まれる:アドリエンヌ・リッチ女性論』(アドリエンヌ・リッチ著、高橋茅香子訳、晶文社)
14. Barbara G. Warker, *The Woman's Encyclopedia of Myths and Secrets*, p. 488.
15. マリヤ・ギンブタス著『古ヨーロッパの神々』と Merlin Stone 著『When God Was a Woman』参照。
16. マトロフォビアとは詩人リン・スケニックの表現より流用したもの。母のようになることへの恐怖ではなく、母になることに対する恐怖を指す。アドリエンヌ・リッチ著『女から生まれる』参照。
17. 『女から生まれる』(アドリエンヌ・リッチ著、高橋茅香子訳、晶文社)
18. Lerner, *Women in Therapy*, p. 182.
19. Ibid.

20. Carol Pearson, *The Hero Within*, p. 196.
21. 一九八六年十月二十三日カリフォルニア州ロサンゼルスにて著者によるインタビューより。
22. 同
23. 一九八九年二月発表のランド・コーポレーションによる研究報告『Women Narrowing Wage Gap, but Poverty Grows, Study Finds(女性の賃金格差は狭まるが貧困は増加)』(サクラメント・ビー・ファイナル、一九八九年二月八日)によると、男性の賃金に対する女性の賃金の比較は一九八〇年から一九八六年の間に六十パーセントから六十五パーセントに増加した。女性の年齢層を二十歳から二十七歳の間に限定すると、その数値は七十八パーセントから八十六パーセントとなる。女性全体の賃金は二〇〇〇年までに男性の七十四パーセントに達すると推測されている。低賃金は女性の生活困窮者の多さの要因であり、シングルペアレント世帯の大半は母親が世帯主である。シングルマザー世帯は一九四〇年まで十世帯に一世帯のみであったが、一九八〇年には四十パーセントに上昇している。女性が世帯主の家庭は七世帯に一世帯となり、生活困窮者の六十二パーセントが女性であった。この数字の裏には離婚や未婚の母の増加がある。

親の就労と家庭の変化を調査した社会学者アーリー・ホックスチャイルドは『The Second Shift』(New York: Viking, 1989)で、女性が家事と育児の大部分を担っており、一日二十四時間の中でフルタイムの労働を二つ掛け持ちする状態であると述べている。過去二十年間のアメリカの実情を八年間を費やして調査、試算した結果、女性の平均労働時間は男性に比べて週あたり十五時間多かった。この数値は一年あたり丸一カ月分に相当する。世帯において家事の負担が半分以下だったのは夫より収入が高い妻のみであった。
24. Janet O. Dallet, *When the Spirits Come Back*, p. 27.
25. Young-Eisendrath and Wiedemann, *Female Authority*, p. 63.
26. Carlson, *In Her Image*, p.77.

第二章

1. Linda Schmidt, "How the Father's Daughter Found Her Mother," p.8.
2. Kathy Mackay, "How Fathers Influence Daughters," pp. 1-2.
3. Ibid.
4. Ibid.
5. Ibid.
6. Ibid.
7. Ibid.
8. 『娘の心が傷つく時—父・娘関係の治療』(L・S・レナード著、藤瀬恭子訳、人文書院)
9. Mackay, "How Fathers Influence Daughters."
10. 『女はみんな女神』(ジーン・シノダ・ボーレン著、村本詔司・村本邦子訳、新水社)
11. "Making It," *L.A. Times Magazine*, Dec. 4, 1988, p.72.
12. Polly Young-Eisendrath and Florence Wiedemann, *Female Authority*, p. 49.
13. Carol Pearson and Katherine Pope, *The Female Hero in American and British Literature*, p. 121.
14 『鏡の国のアリス』(ルイス・キャロル著、山形浩生訳)www.genpaku.org/alice02/alice02j.

html
15. Pearson and Pope, *The Female Hero*, p. 123.
16.『娘の心が傷つく時―父・娘関係の治癒』（L・S・レナード著、藤瀬恭子訳、人文書院）
17. Mackay, "How Fathers Influence Daughters."
18. Carol Pearson, *The Hero Within*, p. 125-26.

第三章

1. Kathy Mackay, "How Fathers Influence Daughters."
2. Harriet Goldhor Lerner, *Women in Therapy*, p. 159.
3. Ibid., p. 162.
4. 『セカンド・ステージ　新しい家族の創造』（ベティ・フリーダン著、下村満子訳、集英社）
5. Carol Pearson and Katherine Pope, *The Female Hero in American and British Literature*, p. 66.
6. Ibid., p. 255.
7. Polly Young-Eisendrath and Florence Wiedemann, *Female Authority*, p. 119.
8. Pearson and Pope, *The Female Hero*, p. 143.
9. 『She―神話に学ぶ女の生き方』（ロバート・A・ジョンソン著、菅靖彦訳、青土社）
10. 同
11. 同

第四章

1. "Making It," *L.A. Times Magazine*, 4 December 1988, pp. 72-74.
2. 『セカンド・ステージ』（ベティ・フリーダン著、下村満子訳、集英社）
3. 同
4. Helen M. Luke, *Woman, Earth and Spirit*, p. 8.
5. 『眠れる森の美女にさよならのキスを―メルヘンと女性の社会神話』（マドンナ・コルベンシュラーグ著、野口啓子、橋本美和子、野田隆訳、柏書房）

第五章

1. Quoted in "Fueling the Inner Fire: A Conversation with Marti Glenn," *Venus Rising*, 3, no. 1 (1989).
2. Roger L. Green, *Heroes of Greece and Troy*, p. 222.
3. Ibid., pp. 222-23.
4. Carol P. Christ, *Laughter of Aphrodite*, pp. 97-98.
5. Ibid., pp. 98-99.
6. Ibid., p. 99.
7. John Russell, *New York Times*, "Arts and Leisure" section, February 1981.『セカンド・ステージ　新しい家族の創造』より引用。
8. Excerpts from a workshop with Jean Shinoda Bolen in "The Journey of the Heroine," *Venus Rising*, 3, no. 1 (1989).
9. 『神話にみる女性のイニシエーション』（シルヴィア・B・ペレラ著、杉岡津岐子・谷口節子・小坂和子訳、山中康裕監修、創元社）

第六章

1. Patricia Reis, "The Goddess and the Creative Process," in Patrice Wynne, *The Womanspirit Sourcebook*, p. 181.
2. Barbara Walker, *The Skeptical Feminist*, p. 117.
3. Ibid., p. 122.
4. Merlin Stone, *When God Was a Woman*, p. 219.
5. Barbara Walker, *The Skeptical Feminist*, p. 133.
6. Barbara Walker, *The Woman's Encyclopedia of Myths and Secrets*, pp. 218-19.
7. Ibid., p. 219-20.
8. Ibid., p. 220.
9. Charles Boer, trans., "The Hymn to Demeter," *Homeric Hymns*, 2nd ed. rev. (Texas: Irving, 1979), pp. 89-135.
10. 『女はみんな女神』（ジーン・シノダ・ボーレン著、村本詔司・村本邦子訳、新水社）
11. Helen Luke, *Woman, Earth and Spirit*, p. 56.
12. Christine Downing, *The Goddess*, p. 48.
13. Luke, *Woman, Earth and Spirit*, p. 65.
14. C. G. Jung, "Psychological Aspects of the Kore," in Jung & Kerenyi, *Essays on a Science of Mythology*, p. 215.
15. Luke, *Woman, Earth and Spirit*, p. 57.
16. Ibid., p. 54.
17. Ibid., p. 64.
18. 『神話にみる女性のイニシエーション』（シルヴィア・B・ペレラ著、杉岡津岐子・谷口節子・小坂和子訳、山中康裕監修、創元社）
19. 同
20. 同
21. 同
22. 同
23. 同
24. 同
25. 同
26. 同
27. 同
28. 同
29. 同

第七章

1. Jean Shinoda Bolen, "Intersection of the Timeless with Time: Where Two Worlds Come Together," Address to Annual ATP Conference, Monterey, Calif., 6 August 1988.

2. Carol Christ, *Laughter of Aphrodite*, p. 124.
3. Bolen, ATP.
4. Jean Markale, *Women of the Celts*, p. 99.
5. Ibid., p. 99.
6. Ibid., p. 96.
7. Buffie Johnson, *Lady of the Beasts*, p. 262.
8. Markale, *Women of the Celts*, p. 100.
9. John Sharkey, *Celtic Mysteries*, p. 8.
10. Marion Woodman, *The Pregnant Virgin*, p. 58.
11. Ibid.
12. In Maureen Murdock, "Changing Women," p. 43.
13. Marie-Louise von Franz and James Hillman, *Jung's Typology*, p. 116.
14. P. L. Travers, "Out of Eden," p. 16.
15. ベトナム人僧侶ティック・ナット・ハンは微笑んで呼吸するシンプルな瞑想を教えている。
16. Sheila Moon, *Changing Woman and Her Sisters*, p. 139.
17. Ibid., pp. 136-38.
18. Ibid., p. 138.
19. 一九八六年十一月一日カリフォルニア州ポイント・レイズにて著者によるコリーン・ケリーのインタビューより。
20. Mina Klein and Arthur Klein, *Käthe Kollwitz*, p. 104.
21. Ibid., p. 82.
22. Ibid., p. 92.
23. 一九八六年十一月七日カリフォルニア州ロサンゼルスにて著者のによるインタビューより。
24. Moon, *Changing Woman*, pp. 157-58.
25. Ibid., p. 169.
26. Kathleen Jenks, "Changing Woman," p. 209, quoted from Klah, Hasten and Wheelwright, Mary, *Navajo Creation Myths* (Santa Fe, N. M.: Museum of Navajo Ceremonial Art, 1942), p. 152.
27. 一九八六年二月六日カリフォルニア州マリブにて著者によるジョーン・サザーランドのインタビューより。
28. Murdock, "Changing Women," p. 44.
29. Nancee Redmond, untitled, 10 December 1986.

第八章

1. Janet Dallett, *When the Spirit Comes Back*, p. 32.
2. James Hillman and Marie-Louise von Franz, *Jung's Typology*, pp. 113-14.
3. Ibid.
4. Rose-Emily Rothenburg, "The Orphan Archetype."
5. Lynda W. Schmidt, "How the Father's Daughter Found Her Mother," p. 10.
6. Ibid., p. 18.

7. Patricia C. Fleming, "Persephone's Search for Her Mother," p. 143.
8. Ibid., pp. 144-47.
9. Ginette Paris, *Pagan Meditations*, p. 167.
10. Ibid., p. 178.
11. 女性たちの集会についてはPatrice Wynne『The Womanspirit Sourcebook』(San Francisco: Herper & Row, 1988) を参照した。女性のヴィジョン探求の情報はShanja Kirstann, 58 Ramona, Oakland, Calif. 94611から得た。
12. Paris, *Pagan Meditations*, p. 175.
13. 一九八九年十月十四日カリフォルニア州ベニスにて著者によるインタビューより。
14. Mark Schorer, "The Necessity of Myth," in Henry A. Murray, ed., *Myth and Mythmaking*, p. 355.
15. Hilary Robinson, ed., *Visibly Female: Feminism and Art Today* (New York: Universe Books, 1988), p. 158.
16. Estella Lauter, *Women As Mythmakers*, p. 170.
17. Ibid., p. 1.
18. Ibid.
19. 一九八八年八月十日カリフォルニア州ロサンゼルスにて著者によるインタビューより。
20. Ibid.
21. 著者『Changing Woman』に部分的に引用のインタビューから。
22. 同
23. 一九八六年二月十八日カリフォルニア州ベニスにて著者によるインタビューより。
24. 同
25. Susan Griffin, "This Earth: What She Is to Me," *Woman and Nature*, p. 219.
26. Marion Woodman, *The Pregnant Virgin*, p. 10.

第九章

1. Jean Shinoda Bolen, "Intersection of the Timeless with Time: Where Two Worlds Come Together," Address to Annual ATP Conference, Monterey, Calif., 6 August 1988.
2. Edward C. Whitmont, *Return of the Goddess*, p. 155.
3. *Los Angeles Times*, 29 May 1989.
4. Whitmont, *Return of the Goddess*, p. 172.
5. Carol Pearson, *The Hero Within*, p. 125.
6. Sybille Birkhauser-Oeri, *The Mother*, p. 121.
7. Helen Luke, *Woman, Earth and Spirit*, p. 63.
8. June Singer, "A Silence of the Soul," p. 32.
9. 『アモールとプシケー―女性の自己実現』エリック・ノイマン著、玉谷直實・井上博嗣訳、紀伊國屋書店
10. Ethel Johnson Phelps, *The Maid of the North*.
11. Ibid., p. 37.
12. Ibid., p. 38.

13. Ibid, p. 39.
14. Ibid., p. 40.
15. Ibid., p. 43.
16. Ibid.
17. Ibid., p. 44.
18. Ibid.
19. Whitmont, *Return of the Goddess*, p. 167.
20. Ibid., p. 171.
21. Ibid., p. 173.
22. Bolen, ATP.
23. Betty DeShong Meador, "Uncursing the Dark" pp. 37-38.
24. Janine Canan, ed., *She Rises Like the Sun* (Freedom, Calif. The Crossing Press, 1989), p. 20.
25. Anne Waldman, "Secular/Sexual Musings," p. 13.

第十章

1. 『我と汝・対話』(マルティン・ブーバー著、田口義弘訳、みすず書房)
2. ティック・ナット・ハンは米国でアメリカの仏教についての講義やリトリートを開催した。本文に掲載した文章は Peter Levitt 編纂『The Heart of Understanding』からの抜粋。
3 Ibid.
4. Matthew Fox, Original Blessing, p. 54.
5. 『World of Ideas(思想の世界)』についてエレーヌ・ページェルズのインタビュー。聞き手はビル・モイヤーズ。
6. Ibid.
7. Donna Wilshire and Bruce Wilshire, "Gender Stereotypes and Spatial Archetypes."
8. Mary Ann Cejka, "Naming the Sin of Sexism," *Catholic Agitator*, April 1989, p. 2.
9. Whilshire and Whilshire, "Gender Stereotypes," p. 82.
10. *The Early Civilization of Europe*, Monograph for Indo-European Studies 131 (Los Angeles: UCLA, 1980), ch. 2, pp. 32-3,『聖杯と剣—われらの歴史、われらの未来』(リーアン・アイスラー著、野島秀勝訳、法政大学出版局)の引用より。
11. 『聖杯と剣—われらの歴史、われらの未来』(リーアン・アイスラー著、野島秀勝訳、法政大学出版局)
12. 同
13. 同
14. 同
15. 同
16. 同
17. 同
18. 同
19. 『古ヨーロッパの神々』(マリヤ・ギンブタス著、鶴岡真弓訳、言叢社)

20. Mircea Eliade, *Patterns in Comparative Religion* 1958, p. 421, as cited in Marta Weigle, Spiders and Spinsters, p. 269.
21. Quoted in Weigle, *Spiders and Spinsters*, p. 267.
22. Elaine Pagels, *The Gnostic Gospels*, p. 62.
23. Ibid., p. 64.
24. Ibid., p. 65.
25. Ibid., p. 72.
26. Ibid., pp. 81-82.
27. Edward Whitmont, *Return of the Goddess*, p. 164.
28. Pagels, *The Gnostic Gospels*, p. 82.
29. 一九八八年六月二十日と二十一日スコットランドアイオナ島で開催のチヌーク族についてのレクチャーに参加した著者のメモより。
30. 『マンダラ』(ホセ＆ミリアム・アーグエイエス著、中村正明訳、青土社)
31. 同
32. 同

おわりに

1. May Sarton, from "The Invocation to Kali," in Laura Chester and Sharon Barba, eds., *Rising Tides*, p. 67.

著者略歴

Maureen Murdock

モーリーン・マードック

家族療法カウンセラー。教育コンサルタント。ユング心理学を基本に神話やストーリーテリングの知識を織り交ぜ、男女の成長過程を豊かにするワークショップや講義、著述を行う。神話的な事象を自らの人生に見出し、アルツハイマー病を発症した実母との体験を綴ったエッセイ『Unreliable Truth: On Memoir and Memory』をはじめ、父と娘の軋轢を分析した『Fathers' Daughters: Breaking the Ties that Bind』、児童対象のイメージ療法について述べた『Spinning Inward: Using Guided Imagery with Children for Learning, Creativity & Relaxation』他、多数の著書を発表。芸術方面でも活動歴があり、写真とエッセイ『Changing Woman: Contemporary Face of Goddess』プロジェクトなどを手掛ける。カリフォルニア州ベニス在住。

訳者略歴

Shika Mackenzie

シカ・マッケンジー

翻訳家として演出術や演技術、ストーリー創作術を中心に、現在までに21冊の訳書を手がける。またバーバラ・ブレナン・ヒーリング・サイエンス認定プラクティショナーとして身体や感情、思考などのエネルギー意識への包括的なアプローチを用い、自己実現や表現活動のサポートも提供。映画制作やアニメーション声優の専門学校での指導も担当している。

The Heroine's Journey:
Woman's Quest for Wholeness

Maureen Murdock

ヒロインの旅

女性性から読み解く〈本当の自分〉と創造的な生き方

初版発行 2017年4月25日
第3刷 2023年6月1日

著 者 モーリーン・マードック
訳 者 シカ・マッケンジー
日本版編集 二橋彩乃
デザイン 小林剛（UNA）
発行者 上原哲郎
発行所 株式会社フィルムアート社
〒150-0022 東京都渋谷区恵比寿南
1-20-6 第21荒井ビル
TEL: 03-5725-2001 FAX: 03-5725-2626
http://www.filmart.co.jp/

印刷所・製本所：シナノ印刷株式会社

ISBN 978-4-8459-1630-6 C0011

フィルムアート社から好評既刊のお知らせ

新しい主人公の作り方

アーキタイプとシンボルで生み出す脚本術

キム・ハドソン＝著
シカ・マッケンジー＝訳
A5 判｜288 頁｜定価 2,300 円＋税
ISBN 978-4-8459-1303-9

おとぎ話・神話と、心理学的アプローチによる創作のメソッド。

主人公の魂の成長、自己実現の旅の軌跡を、創作において、どう描くか。


ユング心理学をはじめとした心理分析において、コンプレックスの仕組み、「影」がキャラクターに与える影響などを紹介し、物語創作には欠かせない「女性性（ヒロイン）」というアーキタイプに着目して革新的なシナリオを生む＝新しい主人公を生むための創作法を解き明かす1冊。

ヴァージン、娼婦、母／女神、愛人／王、ファム・ファタール、暴君、老婆、魔女、守銭奴など多数のアーキタイプを比較しながら、物語上で担う役割やテーマを考え、シンボリズムを有効に使うための原則を説く。

世界を創る女神の物語

神話、伝説、アーキタイプに学ぶヒロインの旅

ヴァレリー・エステル・フランケル＝著
シカ・マッケンジー＝訳
A5 判｜288 頁｜定価 2,300 円＋税
ISBN 978-4-8459-1303-9

少女はやがて女神になる。

水と大地を感じさせる叡智と洞察の物語へ――


世界の神話・民話から「英雄（ヒーロー）目線ではないヒロイン（女性性）の旅」を読み解く、女神神話の物語分析、決定版。

英雄（ヒーロー）は失ったものを取り戻し、魔法の剣で悪と戦い、やがて叡智を得て村に帰還する。では、「ヒロイン」は？ 英雄が冒険の中で論理や勇気、力を表す一方、ヒロインは創造力や慈愛、鋭い直感を表す。決してヒーローに助けられるのを待つばかりではない。

本書では、月のサイクルに従って生き、剣ではなく知恵と鋭い直感で戦い抜き、やがて女神へと成長していくヒロインを、世界各国の神話、伝説、民話や民間伝承を紹介しながら追っていく。